X

ABRÉGÉ

DE

GRAMMAIRE FRANÇAISE,

RECOMMANDÉ

PAR LES COMITÉS SUPÉRIEURS

DE

BRIEY, METZ, SARREGUEMINES ET THIONVILLE,

POUR LES ÉCOLES PRIMAIRES.

———

Prix, cartonné: 30 centimes.

(C.)

ABRÉGÉ

DE

GRAMMAIRE FRANÇAISE.

SIMPLES LEÇONS

RECUEILLIES

POUR LES ÉCOLES PRIMAIRES,

Par un inspecteur gratuit du canton de Pange.

SECONDE ÉDITION.

METZ.

Mme Ve DEVILLY, LIBRAIRE, RUE DU PETIT-PARIS, 8.

IMPRIMERIE DE S. LAMORT, RUE DU PALAIS, 10.

 1842.

GRAMMAIRE FRANÇAISE.

INTRODUCTION.

La Grammaire est l'art de parler et d'écrire correctement. Pour parler et pour écrire on emploie des mots.

Il y a dans la langue française neuf espèces de mots, savoir : le nom ou substantif, — l'article, — l'adjectif, — le pronom, — le verbe, — l'adverbe, — la préposition, — la conjonction, — et l'interjection.

Les mots se divisent en mots variables et en mots invariables.

Exemples de mots variables : *le clocher, la chose, grand, bon, il aime, elle danse.* — On peut dire : *les clochers, les choses, grands clochers, bonnes choses, ils aiment, elles dansent.*

Exemples de mots invariables : *pour, voici, sagement, si, lorsque, hélas.*

Cinq espèces de mots sont variables, savoir : *le nom, l'article, l'adjectif, le pronom et le verbe.*

Les quatre espèces de mots invariables sont : *l'adverbe, la préposition, la conjonction et l'interjection.*

CHAPITRE PREMIER.

LE NOM.

I.

Le nom ou substantif est un mot qui représente une personne, ou une chose.

On reconnaît qu'un mot est un nom, quand on peut y joindre un des mots suivants : *le, la, un, une, grand, petit, bon, mauvais.* Exemples : *la* vie *et la* mort, *les* biens *et les* maux *viennent de Dieu.* — *Vie, mort, biens, maux,* sont des noms, puisqu'on peut dire : *la* vie, *une* mort, *grands* biens, *petits* maux, *bon* Dieu.

II.

NOMS PROPRES ET NOMS COMMUNS.

Il y a deux sortes de noms : les noms propres et les noms communs.

Exemples de noms propres : *Louis, Azor, France,*

Paris. — On les nomme propres, parce qu'ils s'appliquent, ou sont *propres*, particulièrement, à certain être, ou à certaine chose.

Ainsi, *Louis* désigne particulièrement certaine personne; *Azor,* certain chien, *France,* certain pays; *Paris,* certaine ville.

Exemples de noms communs : *homme, chien, pays, ville.* — On les nomme communs, parce qu'ils désignent d'une manière *commune* tous les êtres, ou toutes les choses d'une même espèce.

Ainsi, le nom *homme* est commun à tous les hommes; le nom *chien,* à tous les chiens; le nom *pays,* à tous les pays; le nom *ville,* à toutes les villes.

III.

DEUX GENRES POUR LES NOMS.

Il y a deux genres pour les noms; le genre MASCULIN et le genre FÉMININ.

— Les noms du genre masculin sont ceux qui désignent un être mâle, ou devant lesquels on peut mettre *le* ou *un.* Exemples: *Jean, le coq, le berger, un arbre.*

— Les noms du genre féminin sont ceux qui désignent un être femelle, ou devant lesquels on peut mettre *la* ou *une.* Exemples : *Jeanne, la poule, la bergère, une fleur.*

IV.

DEUX NOMBRES POUR LES NOMS.

Les noms sont du nombre SINGULIER ou du nombre PLURIEL.

— Les noms du nombre singulier expriment l'idée d'une personne seule, ou d'une seule chose. Exemples : *le frère, un chat, la table, une main.*

On reconnaît qu'un nom est au singulier, quand il peut être précédé des mots *le* ou *la, un* ou *une.*

— Les noms du nombre pluriel expriment l'idée de plusieurs personnes, ou de plusieurs choses. Exemples : *les frères, des chats, les tables, aux mains.*

On reconnaît qu'un nom est au pluriel, quand il peut être précédé des mots *les, des, aux.*

V.

FORMATION DU PLURIEL DANS LES NOMS.

Généralement, le pluriel des noms se forme en ajoutant

un *s* à la fin du singulier. Exemples : le *chien*, les *chiens*; la *poule*, les *poules*; un *enfant*, des *enfants*; une *loi*, des *lois*.

EXCEPTIONS.

— Les noms terminés au singulier par *s*, *x*, *z*, ne changent pas au pluriel : un *avis*, des *avis*; la *croix*, des *croix*; le *nez*, les *nez*.

— Les noms terminés par *au* ou *eu* prennent un *x* au pluriel : le *château*, les *châteaux*; le *jeu*, les *jeux*.

— Les sept noms suivants *chou*, *caillou*, *bijou*, *genou*, *joujou*, *pou*, *hibou*, prennent un *x* au pluriel : les *choux*, les *cailloux*, etc.

Les autres noms terminés en *ou* prennent un *s* : les *clous*, les *verrous*, etc.

— Les noms terminés par *al* ou *ail*, ont leur pluriel en *aux* : le *mal*, les *maux*; le *cheval*, les *chevaux*; le *travail*, les *travaux*; le *soupirail*, les *soupiraux*.

Cependant le pluriel des noms suivants *bal*, *pal*, *carnaval*, *régal*, *chacal*, *attirail*, *éventail*, *détail*, *portail*, *sérail*, *épouvantail*, se forme d'après la règle générale : *bals*, *pals*, *attirails*, *détails*, etc.

Bercail et *bétail* n'ont pas de pluriel.

— *Ciel* et *œil* font *cieux* et *yeux* au pluriel. On dit pourtant : *les œils de bœuf sont des fenêtres peu commodes.* — *Les* ciels *d'un tableau.* — *Des* ciels *de lit.*

— On dit un *aïeul*, des *aïeuls*, en parlant du grand-père paternel et du grand-père maternel. Exemple : *ses deux* aïeuls *étaient laboureurs.*

Par *aïeux* on entend ceux qui ont devancé les aïeux. Exemple : *ces terres lui viennent de ses* aïeux.

CHAPITRE SECOND.

L'ARTICLE.

L'ARTICLE est un petit mot qui précède les noms communs, et qui en fait distinguer le genre ou le nombre. Nous n'avons qu'un article : *le*; il varie selon le genre ou le nombre du nom qu'il accompagne : *le*, pour le masculin singulier : *le frère*; — *la*, pour le féminin singulier : *la sœur*; — *les*,

pour tous les noms pluriels, tant masculins que féminins :
les frères, les sœurs.

On retranche *e* dans l'article *le*, et *a* dans l'article *la*, quand le mot suivant commence par une voyelle ou un *h* muet, et l'on met une apostrophe (') à la place de la lettre retranchée : *l'oiseau, l'espérance, l'homme,* au lieu de : *le oiseau, la espérance,* etc.

On emploie *du*, pour *de le*; — *au*, pour *à le*; — *des*, pour *de les*; — *aux*, pour *à les*. Exemples : *le chemin* du *village*, pour *de le* village; — *aller* au *bois*, pour *à le* bois; — *le chef* des *soldats*, pour *de les* soldats; — *obéir* aux *parents*, pour *à les* parents.

— Pour distinguer si *le, la, les* sont des articles, remarquez que l'article est toujours immédiatement suivi d'un nom, comme *le maître, la plume, les écoliers.* — Mais dans ces phrases : *je* le *vois, je* la *touche, je* les *entends, le, la, les* ne sont point des articles, puisqu'ils ne sont pas suivis d'un nom; ce sont des mots appelés PRONOMS.

CHAPITRE TROISIÈME.

L'ADJECTIF.

I.

L'ADJECTIF est un mot qui se joint à un nom pour le qualifier, c'est-à-dire qu'il sert à exprimer la qualité, bonne ou mauvaise, d'une personne ou d'une chose. Exemples : *le* bon *maître, l'écolier* étourdi, *la maison* blanche, *le* petit *jardin.*

Les mots *bon, étourdi, blanche, petit* sont des adjectifs, puisqu'ils expriment ici la qualité du maître, de l'écolier, de la maison, du jardin. Ce sont des adjectifs QUALIFICATIFS.

L'adjectif sert encore à déterminer, à désigner plus particulièrement une personne ou une chose. Exemples : *mon chien,* sa *plume,* ce *village,* un *arbre.*, quel *temps ?* tout *homme,* certain *jour,* tel *père,* trois *francs, volume* quatrième.

Les adjectifs *mon, sa, ce, un, quel, tout, certain, tel, trois, quatrième,* servent ici à déterminer les personnes ou les choses dont on parle. Ce sont des adjectifs DÉTERMINATIFS.

— On connaît qu'un mot est un adjectif, quand on peut y joindre un des mots *personne*, ou *chose*; ainsi *sage* et *agréable* sont des adjectifs, car on peut dire : *une personne* sage, *une chose* agréable.

II.

DEUX GENRES ET DEUX NOMBRES POUR L'ADJECTIF.

L'adjectif a les deux genres et les deux nombres, c'est-à-dire qu'il peut s'employer au masculin ou au féminin, au singulier ou au pluriel, selon le genre et le nombre de la personne ou de la chose qu'il qualifie. Exemples : *le* bon *père*, *la* bonne *mère* ; *les* bons *pères*, *les* bonnes *mères*.

III.

FORMATION DU FÉMININ DANS LES ADJECTIFS.

RÈGLE GÉNÉRALE.

2° Les adjectifs terminés au masculin par un *e* muet ne changent pas au féminin : *un homme* sage, *une femme* sage ; *un livre* utile, *une chose* utile.

2° Quand un adjectif ne finit pas par un *e* muet, au masculin, on y ajoute un *e* muet pour former le féminin : *un homme* prudent, *une femme* prudente ; *un* grand *arbre*, *une* grande *fleur* ; *un garçon* poli, *une fille* polie.

EXCEPTIONS.

1° Les adjectifs terminés en *el, eil, ien, on, et, as, ot*, doublent au féminin leur dernière consonne et y ajoutent un *e* muet : *un coup* mortel, *une blessure* mortelle ; — *un livre* pareil, *une plume* pareille ; — *un mur* ancien, *une muraille* ancienne ; — *un* bon *fruit, une* bonne *poire* ; — *un enfant* muet, *une fille* muette ; — *un mouton* gras, *une brebis* grasse ; — *un* sot *discours, une* sotte *réponse*.

Les adjectifs *gentil, nul, gros, exprès, épais*, forment leur féminin de la même manière, et l'on dit : *gentille, nulle, grosse, expresse, épaisse*.

Malgré l'usage reçu pour former le féminin des adjectifs en *as*, en *ot*, et en *et*, l'on dit : *ras*, rase ; *idiot*, idiote ; *complet*, complète ; *discret*, discrète ; *inquiet*, inquiète ; *replet*, replète ; *secret*, secrète ; *prêt*, prête.

2° Les adjectifs terminés en *x* au masculin, finissent au féminin par *se* : *courageux*, courageuse ; *jaloux*, jalouse.

Exceptez *doux, roux* et *faux*, qui font au féminin, *douce, rousse* et *fausse*.

3° Dans les adjectifs terminés en *f*, comme *bref, vif*, on change le *f* en *ve* au féminin ; ainsi, *bref* fait *brève* ; *vif* fait *vive*.

4° Les adjectifs terminés en *eur* ont ordinairement leur

féminin en *euse* : *trompeur*, trompeuse ; *boudeur*, boudeuse ; *joueur*, joueuse.

Exceptez-en un petit nombre d'adjectifs, comme *vengeur, pécheur, etc.*, qui font au féminin *vengeresse, pécheresse* (qui commet des péchés).

— Cependant les adjectifs *meilleur, majeur, mineur, antérieur, postérieur, supérieur, inférieur*, forment leur féminin d'après la régle générale, *meilleure, majeure, etc.*

5° **D**ans beaucoup d'adjectifs en *teur*, le féminin se forme en changeant *teur* en *trice*, et l'on dit : *accusateur*, accusatrice ; *corrupteur*, corruptrice.

Cette terminaison en *trice* a lieu lorsque la terminaison *eur*, au masculin, ne peut pas se changer en *ant* ; ainsi comme on ne peut pas *d'accusateur* faire *accusatant* ; ni de *corrupteur*, *corruptant*, on dit au féminin : *accusatrice, corruptrice ;* mais l'on dit : *quêteur*, quêteuse ; *flatteur*, flatteuse, parce que l'on peut dire *quêtant*, *flattant*.

6° **B**lanc fait au féminin, blanche ; *franc*, franche ; *sec*, sèche ; *public*, publique ; *caduc*, caduque ; *turc*, turque ; *grec*, grecque ; *malin*, maligne ; *bénin*, bénigne ; *favori*, favorite ; *long*, longue ; *frais*, fraîche ; *tiers*, tierce.

7° **L**es adjectifs *beau, nouveau, fou, mou, vieux*, qui s'écrivent *bel, nouvel, fol, mol, vieil* devant une voyelle ou un *h* muet, font au féminin *belle, nouvelle, folle, molle, vieille*. Exemples : *un* beau *garçon, un* bel *enfant, une* belle *femme ; — un* fou *rire, un* fol *amour, une* folle *idée ; — un* vieux *mur, un* vieil *arbre, une* vieille *maison*.

8° **I**l y a des adjectifs pour lesquels l'usage n'a point admis de féminin ; tels sont : *agresseur, imposteur, fat, châtain, grognon, etc.*

IV.

FORMATION DU PLURIEL DANS LES ADJECTIFS.

Pour former le pluriel des adjectifs, suivez les règles établies pour la formation du pluriel dans les noms.

Ainsi, en règle générale, ajoutez un *s* à la fin du singulier et écrivez : *le* bon *chien, les* bons *chiens ; la* belle *poule, les* belles *poules*.

Par exception, écrivez : *le livre* épais, *les livres* épais ; *un homme* joyeux, *des hommes* joyeux, comme vous écrivez un *avis*, des *avis ;* une *croix*, des *croix*.

Le beau *livre*, *les* beaux *livres*; comme *un* oiseau, *des* oiseaux.

Un garde national, *des gardes* nationaux; comme *le* mal, *les* maux.

Cependant remarquez que beaucoup d'adjectifs en *al* ne s'emploient jamais au pluriel masculin; d'autres ne s'emploient que très-rarement, et forment pour la plupart leur pluriel en *als* au lieu de *aux*; tels seraient *final*, *frugal*, *naval*, *pascal*, etc.; et l'on écrirait : *des sons* finals, *des repas* frugals, *des combats* navals, *des cierges* pascals. — L'usage règle ces difficultés; mais il est mieux de les éviter.

Tout fait au pluriel *tous :* tous *les hommes*.

CHAPITRE QUATRIÈME.

LE PRONOM.

I.

Le **pronom** est un mot qui se met à la place d'un nom, pour éviter de dire ou de répéter ce nom. Exemples :

Dieu aime la vertu et *il la* récompense. — Les mots *il* et *la* sont mis à la place des noms *Dieu* et *vertu*, pour ne pas les répéter. C'est comme s'il y avait : Dieu aime la vertu, et Dieu récompense la vertu.

Je vous aime. — Les pronoms *je* et *vous* tiennent ici la place de mon nom et du vôtre.

Rendez ce livre ; c'est *le mien*, — au lieu de : rendez ce livre ; ce livre est *mon livre*.

Parmi ces fruits, prenez *celui-là*, — au lieu de : parmi ces fruits, prenez *ce fruit*.

Craignez Dieu *qui* punit les méchants, — au lieu de : craignez Dieu, *Dieu* punit les méchants.

Mon père *que* j'aimais est mort, — au lieu de : mon père est mort, j'aimais mon *père*.

Qui a dit cela? — au lieu de : *quelle personne* a dit cela.

On viendra vous voir, — au lieu de : *une personne* viendra vous voir, ou *des gens* viendront vous voir.

— Quelques pronoms varient selon le genre et le nombre des noms dont ils tiennent la place, c'est-à-dire qu'ils ont un féminin et un pluriel. Exemples :

Lequel de ces hommes, *laquelle* de ces femmes ; — *celui-ci* est beau, *celles-là* sont laides.

II.

DIFFÉRENTES SORTES DE PRONOMS.

Il y a six sortes de pronoms, savoir : 1° les pronoms PERSONNELS, 2° les pronoms DÉMONSTRATIFS, 3° les pronoms POSSESSIFS, 4° Les pronoms RELATIFS, 5° les pronoms INTERROGATIFS, 6° les pronoms INDÉTERMINÉS.

1° PRONOMS PERSONNELS. Ils servent à remplacer les noms des personnes qui parlent, comme *je, me, moi, nous;* — ou bien, ils remplacent les noms des personnes à qui l'on parle, comme *tu, te, toi, vous;* — ou bien encore, ils remplacent les noms des personnes ou des choses dont on parle, comme *il, soi, ils, eux, elle, elles, lui, leur, se, le, la, les, y, en.* Exemples :

Je chante ; *je me* frappe ; aimez-*moi;* aimez-*nous.* — *Tu* chantes ; *tu te* frappes ; tais-*toi;* taisez-*vous.* — *Il* regarde devant *soi; ils* regardent devant *eux; elle* aime ; *elles* aiment ; donnez-*lui;* donnez-*leur; il se* frappe ; aimez-*le;* aimez-*la;* aimez-*les;* ajoutez-*y;* goûtez-*en.*

2° PRONOMS DÉMONSTRATIFS. Ils servent à montrer ou à indiquer une personne ou une chose. Ces pronoms sont : *celui, celle, ceux, celles, celui-ci, celui-là, ceux-ci, ceux-là, celle-ci, celle-là, celles-ci, celles-là, ce, ceci, cela.* Exemples :

Heureux *celui* qui craint le Seigneur. — *Celui* indique l'homme heureux.

Voilà plusieurs livres ; prenez *celui-ci.* — *Celui-ci* indique le livre qu'il faut prendre.

Ce doit être difficile. — *Ce* indique la chose qui doit être difficile.

Ceci est à moi. — *Ceci* indique l'objet dont on parle.

— *Celui-ci, ceci,* s'emploient pour indiquer une personne ou une chose proche ; *celui-là, cela,* pour indiquer une chose éloignée. Exemple :

Pierre et Paul sont frères ; *celui-ci* est petit, *celui-là* est grand. — *Celui-ci* désigne Paul ; *celui-là* désigne Pierre.

3° PRONOMS POSSESSIFS. Ils marquent la possession et remplacent le nom de l'objet possédé. Ces pronoms sont : *le mien, le tien, le sien, le nôtre, le vôtre, le leur.* Ces pronoms ont aussi un féminin et un pluriel. Exemples :

Ce n'est pas votre chapeau, c'est *le mien,* — au lieu de : c'est *mon chapeau.*

C'est son intention ainsi que *la mienne*, — au lieu de : ainsi que *mon intention*.

Ses amis sont aussi les *miens*, — au lieu de : sont aussi *mes amis*.

4° PRONOMS RELATIFS. Le pronom relatif prend la place d'un nom ou d'un autre pronom, qui le précède presque toujours immédiatement ; on le nomme relatif à cause de la *relation* intime qu'il a avec le nom qu'il remplace. Il sert ordinairement de lien entre ce nom et la phrase suivante. Les pronoms relatifs sont : *qui, que, quoi, dont, lequel, duquel, auquel, où*. Exemples :

L'homme *qui* raisonne bien, agit bien. — Le livre *que* je lis est intéressant. — Ce sont choses *à quoi* vous ne prenez garde. — La maison *dont* je parle est grande. — Voilà un discours *auquel* je ne comprends rien. — Le temps *où* (pour *dans lequel*) nous sommes.

5° PRONOMS INTERROGATIFS. Les pronoms *qui, que, quoi, lequel*, sans être précédés d'un nom, servent à exprimer l'interrogation, et ils sont alors nommés interrogatifs. Exemples :

Qui a dit cela ? — *Que* faites-vous là ! — A *quoi* sert cet outil ? — *Laquelle* préférez-vous de ces deux plumes ?

— Les pronoms interrogatifs s'emploient aussi pour exprimer l'incertitude. Exemples :

Je ne sais *qui* a écrit cette lettre. — Je ne sais *que* faire. — Je ne sais *à quoi* sert cet outil. — Je ne sais *laquelle* de ces deux plumes je préfère.

6° PRONOMS INDÉTERMINÉS. Ils indiquent les personnes ou les choses d'une manière générale, vague, indéterminée, en un mot sans les particulariser. Ces pronoms sont : *on, quelqu'un, chacun, autrui, quiconque, l'un, l'autre, rien, personne*. Exemples :

On viendra. — *Chacun* veut avoir raison. — Ils médisent *l'un de l'autre*. — *Personne* n'est venu. — Ne nuisez pas *à autrui*. — *Rien* ne s'oppose à cela.

— Il y a des adjectifs qui, employés seuls, deviennent des pronoms indéterminés ; tels sont : *nul, aucun, plusieurs, tel, tout*. Exemples :

Nul n'est exempt de mourir. — *Plusieurs* ont prétendu. — *Tout* est fini.

CHAPITRE CINQUIÈME.

LE VERBE.

Le VERBE est un mot par lequel nous exprimons que la personne ou la chose dont nous parlons est ou n'est pas, agit ou n'agit pas. Il indique donc l'état ou l'action. Exemples : *je suis ; nous ne sommes pas.* — *Il marche ; ils ne marchent pas.*

Il est facile de reconnaître le verbe, parce que c'est le seul mot du langage devant lequel on puisse mettre les pronoms *je, tu, il, elle, nous, vous, ils, elles.* Ainsi, *chanter, finir, recevoir, rendre* sont des verbes, puisqu'on peut dire : *je chante, tu finis, il reçoit, nous rendons.*

Le verbe peut varier dans sa terminaison, qui se modifie selon le nombre, la personne, le temps et le mode.

II.

VARIATIONS SELON LE NOMBRE.

Il y a dans les verbes, comme dans les noms, deux nombres : le *singulier* et le *pluriel.* Si le verbe indique l'état d'une seule personne ou d'une seule chose, ou s'il exprime une action faite par une seule personne ou par une seule chose, il se met au nombre singulier ; s'il s'agit de plusieurs personnes ou de plusieurs choses, le verbe prend le nombre pluriel.

Exemples du nombre singulier : *je chante, tu dors, il marche.* — Exemples du nombre pluriel : *nous chantons, vous dormez, ils marchent.*

III.

VARIATIONS SELON LA PERSONNE.

Dans chaque nombre, il y a trois PERSONNES. La première est celle qui parle, la seconde est celle à qui l'on parle, la troisième est celle de qui l'on parle.

La PREMIÈRE PERSONNE est exprimée par les pronoms *je* pour le singulier, et *nous* pour le pluriel : *je chante, nous chantons.*

La SECONDE PERSONNE est exprimée par les pronoms *tu* pour le singulier, et *vous* pour le pluriel : *tu chantes, vous chantez.*

La TROISIÈME PERSONNE est exprimée par les pronoms *il* ou *elle* pour le singulier, *ils* ou *elles* pour le pluriel : *il chante, elle chante ; ils chantent, elles chantent.*

IV.

VARIATIONS SELON LE TEMPS.

Le verbe, en exprimant un état ou une action, doit indiquer encore l'époque à laquelle cet état ou cette action se rapporte ; et comme cet état ou cette action se rapporte nécessairement à une époque ou présente, ou passée, ou future, on a reconnu pour les verbes trois TEMPS principaux qui sont : le PRÉSENT, le PASSÉ et le FUTUR.

Ainsi un verbe au temps PRÉSENT indique qu'on est ou qu'on agit dans le moment où l'on parle : Exemples : *maintenant je suis oisif ; en ce moment je joue.*

Un verbe au temps PASSÉ indique qu'on a été ou qu'on a agi dans un temps passé. Exemples : *j'ai été sage hier ; j'ai travaillé avant-hier.*

Un verbe au temps FUTUR indique qu'on sera ou qu'on agira dans un temps à venir. Exemples : *demain, je serai ici ; après-demain, j'irai chez vous.*

— Tels sont les temps principaux ; nous verrons bientôt qu'il y a plusieurs sortes de Présents, de Passés et de Futurs.

V.

VARIATIONS SELON LE MODE.

Le mot MODE signifie *manière*. On appelle MODES les diverses manières dont le verbe énonce une pensée, indépendamment du nombre, de la personne et du temps.

Il y a cinq modes, savoir, 1° l'INDICATIF, 2° le CONDITIONNEL, 3° l'IMPÉRATIF, 4° le SUBJONCTIF, 5° l'INFINITIF.

1° L'INDICATIF affirme simplement l'état ou l'action dont il s'agit ; comme, *je suis, j'ai été, je serai ; je chante, j'ai chanté, je chanterai.*

2° Le CONDITIONNEL exprime l'état ou l'action, avec dépendance d'une condition ; comme, *je serais laborieux, si j'étais bien portant ; je ferais l'aumône, si j'étais riche.*

3° L'IMPÉRATIF exprime un commandement ou une exhortation ; comme, *soyez sage ; obéissez à vos parents.*

4° Le verbe du mode SUBJONCTIF est ordinairement lié par la conjonction *que* à un autre verbe qui le précède et dont le sens exprime le doute, le désir, la crainte, la possibilité ou la nécessité. Exemples : *je* doute *que tu réussisses* ; *je* désire *que vous lisiez* ; *je* crains *que vous ne tombiez* ; il est possible *que je vienne* ; il faut *que tu écrives*.

5° L'INFINITIF exprime l'état ou l'action d'une manière indéfinie, c'est-à-dire sans déterminer ni le nombre, ni la personne ; comme *avoir, être, chanter, courir*.

VI.

DIFFÉRENTS TEMPS DANS LES MODES.

Chacun des modes du verbe a différents temps, excepté cependant l'impératif qui n'en a qu'un.

1° L'INDICATIF est composé de huit temps, savoir :

Le PRÉSENT, — *je chante* maintenant.
L'IMPARFAIT, — *je chantais* quand vous êtes entré.
Le PASSÉ DÉFINI, — *je chantai*, la semaine passée.
Le PASSÉ INDÉFINI, — *j'ai chanté*, cette semaine.
Le PASSÉ ANTÉRIEUR, — lorsque *j'eus chanté*, je sortis.
Le PLUS-QUE-PARFAIT, — quand vous entrâtes, *j'avais chanté*.
Le FUTUR SIMPLE, — demain, *je chanterai*.
Le FUTUR COMPOSÉ, — je sortirai quand *j'aurai chanté*.

2° Le mode CONDITIONNEL a deux temps, savoir :

Le PRÉSENT, — si je pouvais, *je chanterais*.
Le PASSÉ, — si vous aviez voulu, *j'aurais chanté*, ou *j'eusse chanté*.

3° Le mode IMPÉRATIF n'a qu'un temps, le PRÉSENT, qui marque tantôt un présent, comme : *étudiez* maintenant votre leçon ; tantôt un futur, comme : *venez* demain réciter votre leçon.

Ce temps n'a que la seconde personne du singlier, et la première et la seconde personne du pluriel.

4° Le mode SUBJONCTIF a quatre temps, savoir :

Le PRÉSENT, — on désire, on désirera *que je chante*.
L'IMPARFAIT, — on désirait, on désirerait *que je chantasse*.
Le PASSÉ, — on a désiré *que j'aie chanté*.
Le PLUS-QUE-PARFAIT, — on aurait désiré *que j'eusse chanté*.

5° Le mode INFINITIF a quatre temps, savoir :

Le PRÉSENT, — je veux *chanter*.
Le PASSÉ, — après *avoir chanté*.
Le PARTICIPE PRÉSENT, — un homme *chantant*, une femme *chantant*.
Le PARTICIPE PASSÉ, — un rondeau *chanté*, une ronde *chantée*.

VII.

TEMPS SIMPLES ET TEMPS COMPOSÉS.

Les temps se divisent en temps SIMPLES et en temps COMPOSÉS.

Les temps *simples* sont ceux qui sont exprimés en un seul mot, comme, *je chante*, *je chantai*, *je chanterai*.

Les temps *composés* sont ceux qui sont formés du participe passé avec *avoir* ou *être* ; comme, *j'ai chanté*, *tu avais chanté*, *il est tombé*.

VIII.

TEMPS PRIMITIFS ET TEMPS DÉRIVÉS.

On distingue encore les temps PRIMITIFS et les temps DÉRIVÉS.

On nomme temps *primitifs* ceux qui servent à en former d'autres, et *dérivés* ceux qui se forment des temps primitifs.

Il y a cinq temps primitifs ; ce sont : le *présent de l'infinitif* ; le *participe présent* ; le *participe passé* ; le *présent de l'indicatif*, au singulier seulement ; et le *passé défini*.

Du PRÉSENT DE L'INFINITIF, on forme : 1° le *futur simple*, 2° le *conditionnel présent*. — Du PARTICIPE PRÉSENT, on forme : 1° le pluriel du *présent de l'indicatif* ; 2° l'*imparfait de l'indicatif* ; 3° le *présent du subjonctif*. — Du PARTICIPE PASSÉ on forme tous les *temps composés* à l'aide du verbe *avoir* ou du verbe *être*. — Du PRÉSENT DE L'INDICATIF, on forme l'*impératif*. — Du PASSÉ DÉFINI, on forme l'*imparfait du subjonctif*.

CHAPITRE SIXIÈME.

CONJUGAISON DES VERBES.

I.

CONJUGUER un verbe, c'est l'écrire ou le réciter avec toutes les variations que produisent les nombres, les personnes, les temps et les modes.

Les verbes se conjuguent RÉGULIÈREMENT OU IRRÉGULIÈREMENT : *régulièrement*, quand ils suivent, dans la formation de leurs temps, les règles générales des conjugaisons ; — *irrégulièrement*, quand ils ne suivent pas toujours ces règles générales.

II.

Les verbes *auxiliaires* AVOIR et ÊTRE appartiennent à la classe des verbes irréguliers ; cependant, comme ils servent à la formation des temps composés dans toutes les conjugaisons, nous commencerons par l'étude de ces deux verbes.

Verbe AVOIR.

MODE INDICATIF.

Présent.

J'ai.
Tu as.
Il *ou* elle a.
Nous avons.
Vous avez.
Ils *ou* elles ont.

Imparfait.

J'avais.
Tu avais.
Il *ou* elle avait.
Nous avions.
Vous aviez.
Ils *ou* elles avaient.

Passé défini.

J'eus.
Tu eus.
Il *ou* elle eut.
Nous eûmes.
Vous eûtes.
Ils *ou* elles eurent.

Passé indéfini.

J'ai eu.
Tu as eu.
Il *ou* elle a eu.
Nous avons eu.
Vous avez eu.
Ils *ou* elles ont eu.

Passé antérieur.

J'eus eu.
Tu eus eu.
Il *ou* elle eut eu.
Nous eûmes eu.
Vous eûtes eu.
Ils *ou* elles eurent eu.

Plus-que-parfait.

J'avais eu.
Tu avais eu.
Il *ou* elle avait eu.
Nous avions eu.
Vous aviez eu.
Ils *ou* elles avaient eu.

Futur simple.

J'aurai.
Tu auras.
Il *ou* elle aura.
Nous aurons.
Vous aurez.
Ils *ou* elles auront.

Futur composé.

J'aurai eu.
Tu auras eu.
Il *ou* elle aura eu.
Nous aurons eu.
Vous aurez eu.
Ils *ou* elles auront eu.

MODE CONDITIONNEL.

Présent.

J'aurais.
Tu aurais.
Il *ou* elle aurait.
Nous aurions.
Vous auriez.
Ils *ou* elles auraient.

Passé.

J'aurais eu.
Tu aurais eu.
Il *ou* elle aurait eu.
Nous aurions eu.
Vous auriez eu.
Ils *ou* elles auraient eu.

On dit aussi : J'eusse eu, tu eusses eu, il *ou* elle eût eu, nous eussions eu, vous eussiez eu, ils *ou* elles eussent eu.

MODE IMPÉRATIF.

Présent ou *futur.*

Aie.
Ayons.
Ayez.

MODE SUBJONCTIF.

Présent.

Que j'aie.
Que tu aies.
Qu'il *ou* qu'elle ait.
Que nous ayons.
Que vous ayez.
Qu'ils *ou* qu'elles aient.

Imparfait.

Que j'eusse.
Que tu eusses.
Qu'il *ou* qu'elle eût.
Que nous eussions.
Que vous eussiez.
Qu'ils *ou* qu'elles eussent.

Passé.

Que j'aie eu.
Que tu aies eu.
Qu'il *ou* qu'elle ait eu.
Que nous ayons eu.
Que vous ayez eu.
Qu'ils *ou* qu'elles aient eu.

Plus-que-parfait.

Que j'eusse eu.
Que tu eusses eu.
Qu'il *ou* qu'elle eût eu.
Que nous eussions eu.
Que vous eussiez eu.
Qu'ils *ou* qu'elles eussent eu.

MODE INFINITIF.

Présent.

Avoir.

Passé.

Avoir eu.

Participe présent.

Ayant.

Participe passé.

Ayant eu.

Verbe ÊTRE.

MODE INDICATIF.

Présent.

Je suis.
Tu es.
Il *ou* elle est.
Nous sommes.
Vous êtes.
Ils *ou* elles sont.

Imparfait.

J'étais.
Tu étais.
Il *ou* elle était.
Nous étions.
Vous étiez.
Ils *ou* elles étaient.

Passé défini.

Je fus.
Tu fus.
Il *ou* elle fut.
Nous fûmes.
Vous fûtes.
Ils *ou* elles furent.

Passé indéfini.

J'ai été.
Tu as été.
Il *ou* elle a été.
Nous avons été.
Vous avez été.
Ils *ou* elles ont été.

Passé antérieur.

J'eus été.
Tu eus été.
Il *ou* elle eut été.
Nous eûmes été.
Vous eûtes été.
Ils *ou* elles eurent été.

Plus-que-parfait.

J'avais été.

Tu avais été.
Il *ou* elle avait été.
Nous avions été.
Vous aviez été.
Ils *ou* elles avaient été.

Futur simple.

Je serai.
Tu seras.
Il *ou* elle sera.
Nous serons.
Vous serez.
Ils *ou* elles seront.

Futur composé.

J'aurai été.
Tu auras été.
Il *ou* elle aura été.
Nous aurons été.
Vous aurez été.
Ils *ou* elles auront été.

MODE CONDITIONNEL.

Présent.

Je serais.
Tu serais.
Il *ou* elle serait.
Nous serions.
Vous seriez.
Ils *ou* elles seraient.

Passé.

J'aurais été.
Tu aurais été.
Il *ou* elle aurait été.
Nous aurions été.
Vous auriez été.
Ils *ou* elles auraient été.

On dit aussi : J'eusse été, tu eusses été, il *ou* elle eût été, nous eussions été, vous eussiez été, ils *ou* elles eussent été.

MODE IMPÉRATIF.

Présent ou *futur.*

Sois.
Soyons.
Soyez.

MODE SUBJONCTIF.

Présent.

Que je sois.
Que tu sois.
Qu'il *ou* qu'elle soit.
Que nous soyons.
Que vous soyez.
Qu'ils *ou* qu'elles soient.

Imparfait.

Que je fusses.
Que tu fusses.
Qu'il *ou* qu'elle fût.
Que nous fussions.
Que vous fussiez.
Qu'ils *ou* qu'elles fussent.

Passé.

Que j'aie été.
Que tu aies été.
Qu'il *ou* qu'elle ait été.
Que nous ayons été.
Que vous ayez été.
Qu'ils *ou* qu'elles aient été.

Plus-que-parfait.

Que j'eusse été.
Que tu eusses été.
Qu'il *ou* qu'elle eût été.
Que nous eussions été.
Que vous eussiez été.
Qu'ils *ou* qu'elles eussent été.

MODE INFINITIF.

Présent.

Être.

Passé.

Avoir été.

Participe présent.

Étant.

Participe passé.

Été, ayant été.

III.

CONJUGAISONS RÉGULIÈRES.

Il y a quatre classes de CONJUGAISONS RÉGULIÈRES ; on les distingue entre elles par les terminaisons du présent de l'infinitif.

La *première classe* est celle des verbes dont l'infinitif se termine en RR, comme *chanter*.

La *seconde*, est celle des verbes dont l'infinitif se termine en IR, comme *finir*.

La *troisième*, est celle des verbes dont l'infinitif se termine en OIR, comme *recevoir*.

La *quatrième*, est celle des verbes dont l'infinitif se termine en RE, comme *rendre*.

Première conjugaison.

MODE INDICATIF.

Présent.

(Temps primitif pour le singulier; mais ayant son pluriel dérivé du *participe présent ;* pour le former on change *ant* en *ons, ez, ent.*)

Je chant e.
Tu chant es.
Il *ou* elle chant c.
Nous chant ons.
Vous chant ez.
Ils *ou* elles chant ent.

Imparfait.

(Temps dérivé du *participe présent ;* on change *ant* en *ais.*)

Je chant ais.
Tu chant ais.
Il *ou* elle chant ait.
Nous chant ions.
Vous chant iez.
Ils *ou* elles chant aient.

Passé défini.

(Temps primitif.)

Je chant ai.
Tu chant as.
Il *ou* elle chant a.

Nous chant âmes.
Vous chant âtes.
Ils *ou* elles chant èrent.

Passé indéfini.

(Temps composé du *participe passé,* et du *présent de l'indicatif* du verbe *avoir*.)

J'ai chanté.
Tu as chanté.
Il *ou* elle a chanté.
Nous avons chanté.
Vous avez chanté.
Ils *ou* elles ont chanté.

Passé antérieur.

(Temps composé du *part. passé,* et du *passé déf.* du verbe *avoir*.)

J'eus chanté.
Tu eus chanté.
Il *ou* elle eut chanté.
Nous eûmes chanté.
Vous eûtes chanté.
Ils *ou* elles eurent chanté.

Plus-que-parfait.

(Temps composé du *part. passé,* et de *l'imparfait de l'indicatif* du verbe *avoir*.)

J'avais chanté.

Tu avais chanté.
Il *ou* elle avait chanté.
Nous avions chanté.
Vous aviez chanté.
Ils *ou* elles avaient chanté.

Futur simple.

(Temps dérivé du *présent de l'infinitif;* on ajoute *ai* à la terminaison.)

Je chanter ai.
Tu chanter as.
Il *ou* elle chanter a.
Nous chanter ons.
Vous chanter ez.
Ils *ou* elles chanter ont.

Futur composé.

(Temps comp. du *part. passé,* et du *fut. simple* du verbe *avoir.*)

J'aurai chanté.
Tu auras chanté.
Il *ou* elle aura chanté.
Nous aurons chanté.
Vous aurez chanté.
Ils *ou* elles auront chanté.

MODE CONDITIONNEL.

Présent.

(Temps dérivé du *prés. de l'infin.;* on ajoute *ais* à la terminaison.)

Je chanter ais.
Tu chanter ais.
Il *ou* elle chanter ait.
Nous chanter ions.
Vous chanter iez.
Ils *ou* elles chanter aient.

Passé.

(Temps comp. du *part. passé,* et du *cond. prés.* du v. *avoir.*)

J'aurais chanté.
Tu aurais chanté.
Il *ou* elle aurait chanté.
Nous aurions chanté.
Vous auriez chanté.
Ils *ou* elles auraient chanté.

On dit encore :

J'eusse chanté, tu eusses chanté, il *ou* elle eût chanté, nous eus—sions, vous eussiez, ils *ou* elles eussent chanté.

MODE IMPÉRATIF.

Présent ou *futur.*

(Temps dérivé du *prés. de l'ind. :* pour la sec. pers. singulière, on retranche l'*s* et le pronom; pour les deux autres pers., retranchez les pronoms.)
Chant e.
Chant ons.
Chant ez.

MODE SUBJONCTIF.

Présent.

(Temps dérivé du *part. prés.;* on change *ant* en *e.*)

Il faut {
que je chant e.
que tu chant es.
qu'il *ou* qu'elle chant e.
que nous chant ions.
que vous chant iez.
qu'ils *ou* qu'elles chant ent.
}

Imparfait.

(Temps dérivé du *passé défini;* on change *ai* en *asse.*)

Il fallait {
que je chant asse.
que tu chant asses.
qu'il *ou* qu'elle chant ât.
que nous chant assions.
que vous chant assiez.
qu'ils *ou* qu'elles chant assent.
}

Passé.

(Temps composé du *part. passé,* et du *présent du subjonctif* du verbe *avoir.*)

Il a fallu {
que j'aie chanté.
que tu aies chanté.
qu'il *ou* qu'elle ait chanté.
que nous ayons chanté.
que vous ayez chanté.
qu'ils *ou* qu'elles aient chanté.
}

<table>
<tr><td>Plus-que-parfait.</td><td>Passé.</td></tr>
</table>

Plus-que-parfait.	*Passé.*
(Temps composé du *part. passé,* et de *l'imparfait du subjonctif* du verbe *avoir.*)	(Temps composé du *part. passé,* et de *l'infin. présent* du verbe *avoir.*)

Il aurait fallu
- que j'eusse chanté.
- que tu eusses chanté.
- qu'il *ou* qu'elle eût chanté.
- que nous eussions chanté.
- que vous eussiez chanté.
- qu'ils *ou* qu'elles eussent c.

Avoir chanté.

Participe présent.

(Temps primitif.)

Chant ant.

MODE INFINITIF.

Participe passé.

Présent.

(Temps primitif.)

(Temps primitif.)

Chant er.

Chanté, chantée.
Ayant chanté.

OBSERVATIONS. — 1° Dans les verbes terminés en *ger,* le *g* doit toujours être suivi d'un *e muet* devant les voyelles *a, o.* Exemples : *nous arrangeons, vous plongeâtes, il voyagea ;* et non pas : *nous arrangons, vous plongâtes, il voyaga.*

2° Dans les verbes en *cer,* le *c* reçoit une cédille (*ç*), devant *a* et *o.* Exemples : *il avança, nous prononçons.* — Cette règle s'applique à toutes les conjugaisons et dans tous les cas où le *c* se trouve devant *a, o* et *u ;* ainsi écrivez : *recevoir, ils reçoivent, ils reçurent.*

3° Les verbes en *eler* et en *eter* doublent la lettre *l* ou la lettre *t,* quand après cette lettre vient un *e muet.* Exemples : *appeler, j'appelais, j'appelle, j'appellerai,* — *jeter, je jetais, je jette, je jetterai.*

4° Dans les verbes comme *céder, digérer, régner, révéler, etc.,* lorsque l'avant-dernière syllabe présente un *é fermé* (marqué de l'accent aigu), cet *e* devient *ouvert* (marqué de l'accent grave) dès que dans la syllabe suivante il y a un *e muet :* ainsi écrivez : *je cédais, je cède, je céderai, je céderais ; je digérais, je digère, je digèrerai, etc.*

5° Dans les verbes tels que *lever, peser, promener, etc.,* l'*e muet* de l'avant-dernière syllabe se change en *è ouvert,* dès qu'il y a un *e muet* dans la syllabe suivante ; écrivez donc : *lever, je lève ; peser, je pèserai ; je promenais, je promène.*

6° Les verbes en *yer* changent l'*y* en *i* devant un *e muet.* Ex. : *employer, j'emploie, j'employais ; payer, je paie, je payais.*

Seconde conjugaison.

MODE INDICATIF.

Présent.

(Temps primitif pour le singulier ;
mais ayant son pluriel dérivé
du *participe présent ;* pour le
former, on change *ant* en *ons,
ez, ent.*)

Je fin is.
Tu fin is.
Il *ou* elle fin it.
Nous finiss ons.
Vous finiss ez.
Ils *ou* elles finiss ent.

Imparfait.

(Temps dérivé du *part. présent ;*
on change *ant* en *ais.*)

Je finiss ais.
Tu finiss ais.
Il *ou* elle finiss ait.
Nous finiss ions.
Vous finiss iez.
Ils *ou* elles finiss aient.

Passé défini.

(Temps primitif.)

Je fin is.
Tu fin is.
Il *ou* elle fin it.
Nous fin îmes.
Vous fin îtes.
Ils *ou* elles fin irent.

Passé indéfini.

(Temps composé.)

J'ai fini.
Tu as fini.
Il *ou* elle a fini.
Nous avons fini.
Vous avez fini.
Ils *ou* elles ont fini.

Passé antérieur.

(Temps composé.)

J'eus fini.
Tu eus fini.
Il *ou* elle eut fini.
Nous eûmes fini.
Vous eûtes fini.
Ils *ou* elles eurent fini.

Plus-que-parfait.

(Temps composé.)

J'avais fini.
Tu avais fini.
Il *ou* elle avait fini.
Nous avions fini.
Vous aviez fini.
Ils *ou* elles avaient fini.

Futur simple.

(Temps dérivé du *présent de l'infinitif ;* on ajoute *ai* à la terminaison.)

Je finir ai.
Tu finir as.
Il *ou* elle finir a.
Nous finir ons.
Vous finir ez.
Ils *ou* elles finir ont.

Futur composé.

(Temps composé.)

J'aurai fini.
Tu auras fini.
Il *ou* elle aura fini.
Nous aurons fini.
Vous aurez fini.
Ils *ou* elles auront fini.

MODE CONDITIONNEL.

Présent.

(Temps dérivé du *présent de l'infinitif ;* on ajoute *ais* à la terminaison.)

Je finir ais.

Tu finir ais.
Il *ou* elle finir ait.
Nous finir ions.
Vous finir iez.
Ils *ou* elles finir aient.

Passé.

(Temps composé.)

J'aurais fini
Tu aurais fini.
Il *ou* elle aurait fini.
Nous aurions fini.
Vous auriez fini.
Ils *ou* elles auraient fini.

On dit encore :

J'eusse fini, tu eusses fini, il *ou* elle eût fini, nous eussions fini, vous eussiez fini, ils *ou* elles eussent fini.

MODE IMPÉRATIF.

Présent ou *futur.*

(Temps dérivé du *présent de l'indicatif :* supprimez le pronom.)

Fin is.
Finiss ons.
Finiss ez.

MODE SUBJONCTIF.

Présent.

(Temps dérivé du *part. présent :* on change *ant* en *e.*)

Il Faut
{
que je finiss e.
que tu finiss es.
qu'il *ou* qu'elle finiss e.
que nous finiss ions.
que vous finiss iez.
qu'ils *ou* qu'elles finiss ent.
}

Imparfait.

(Temps dérivé du *passé défini :* on change *is* en *isse.*)

Il fallait
{
que je fin isse
que tu fin isses.
qu'il *ou* qu'elle fin ît.
que nous fin issions.
que vous fin issiez.
qu'ils *ou* qu'elles fin issent.
}

Passé. (Temps composé.)

Il a fallu
{
que j'aie fini.
que tu aies fini.
qu'il *ou* qu'elle ait fini.
que nous ayons fini.
que vous ayez fini.
qu'ils *ou* qu'elles aient fini.
}

Plus-que-parfait.

(Temps composé.)

Il aurait fallu
{
que j'eusse fini.
que tu eusses fini.
qu'il *ou* qu'elle eût fini.
que nous eussions fini.
que vous eussiez fini.
qu'ils *ou* qu'elles eussent fini.
}

MODE INFINITIF.

Présent.

Fin ir.

Passé. (Temps composé.)

Avoir fini.

Participe présent.

(Temps primitif.)

Finiss ant.

Participe passé.

(Temps primitif.)

Fini, finie ; ayant fini.

Troisième conjugaison.

MODE INDICATIF.

Présent.

(Temps primitif pour le singulier ; mais ayant son pluriel dérivé du *participe présent ;* pour le former, on change *evant* en *evons, evez, oivent.*)

Je reç ois.
Tu reç ois.
Il *ou* elle reç oit.
Nous rec evons.
Vous rec evez.
Ils *ou* elles reç oivent.

Imparfait.

(Temps dérivé du *participe présent :* on change *ant* en *ais.*)

Je recev ais.
Tu recev ais.
Il *ou* elle recev ait.
Nous recev ions.
Vous recev iez.
Ils *ou* elles recev aient.

Passé défini.

(Temps primitif.)

Je reç us.
Tu reç us.
Il *ou* elle reç ut.
Nous reç ûmes.
Vous reç ûtes.
Ils *ou* elles reç urent.

Passé indéfini.

(Temps composé.)

J'ai reçu.
Tu as reçu.
Il *ou* elle a reçu.
Nous avons reçu.
Vous avez reçu.
Ils *ou* elles ont reçu.

Passé antérieur.

(Temps composé.)

J'eus reçu.

Tu eus reçu.
Il *ou* elle eut reçu.
Nous eûmes reçu.
Vous eûtes reçu.
Ils *ou* elles eurent reçu.

Plus-que-parfait.

(Temps composé.)

J'avais reçu.
Tu avais reçu.
Il *ou* elle avait reçu.
Nous avions reçu.
Vous aviez reçu.
Ils *ou* elles avaient reçu.

Futur simple.

(Temps dérivé du *présent de l'infinitif ;* on change *oir* en *rai.*)

Je recev rai.
Tu recev ras.
Il *ou* elle recev ra.
Nous recev rons.
Vous recev rez.
Ils *ou* elles recev ront.

Futur composé.

(Temps composé.)

J'aurai reçu.
Tu auras reçu.
Il *ou* elle aura reçu.
Nous aurons reçu.
Vous aurez reçu.
Ils *ou* elles auront reçu.

MODE CONDITIONNEL.

Présent.

(Temps dérivé du *présent de l'infinitif ;* on change *oir* en *rais.*)

Je recev rais.
Tu recev rais.
Il *ou* elle recev rait.
Nous recev rions.
Vous recev riez.
Ils *ou* elles recev raient.

Passé. (Temps composé.)

J'aurais reçu.
Tu aurais reçu.
Il *ou* elle aurait reçu.
Nous aurions reçu.
Vous auriez reçu.
Ils *ou* elles auraient reçu.

On dit encore : J'eusse, tu eusses, il *ou* elle eût, nous eussions, vous eussiez, ils *ou* elles eussent reçu.

MODE IMPÉRATIF.

Présent ou *futur.*

(Temps dérivé du *présent de l'indic.* ; on supprime les pronoms.)

Reç ois.
Recev ons.
Recev ez.

MODE SUBJONCTIF.

Présent.

(Temps dérivé du *part. présent* ; on change *evant* en *oive, oives, oive, evions, eviez, oivent.*)

Il faut
que je reç oive.
que tu reç oives.
qu'il *ou* qu'elle reç oive.
que nous rec evions.
que vous rec eviez.
qu'ils *ou* qu'elles reç oivent.

Imparfait.

(Temps dérivé du *passé défini* ; on change *us* en *usse.*)

Il fallait
que je reç usse.
que tu reç usses.
qu'il *ou* qu'elle reç ût.
que nous reç ussions.
que vous reç ussiez.
qu'ils *ou* qu'elles reç ussent.

Passé.

(Temps composé.)

Il a fallu
que j'aie reçu.
que tu aies reçu.
qu'il *ou* qu'elle ait reçu.
que nous ayons reçu.
que vous ayez reçu.
qu'ils *ou* qu'elles aient reçu.

Plus-que-parfait.

(Temps composé.)

Il aurait fallu
que j'eusse reçu.
que tu eusses reçu.
qu'il *ou* qu'elle eût reçu.
que nous eussions reçu.
que vous eussiez reçu.
qu'ils *ou* qu'elles eussent r.

MODE INFINITIF.

Présent.

(Temps primitif.)

Recev oir.

Passé.

(Temps composé.)

Avoir reçu.

Participe présent.

(Temps primitif.)

Recev ant.

Participe passé.

(Temps primitif.)

Reçu, reçue ; ayant reçu.

OBSERVATION. — Les verbes de la troisième conjugaison sont rares, et ils sont presque tous irréguliers ; remarquez qu'il n'y a que ceux en *evoir* qui se conjuguent sur *recevoir.*

Quatrième conjugaison.

MODE INDICATIF.

Présent.

(Temps primitif pour le singulier,
mais ayant son pluriel dérivé
du *participe prés.* ; on change
ant en *ons* , *ez*, *ent*.)

Je rend s.
Tu rend s
Il *ou* elle rend.
Nous rend ons.
Vous rend ez.
Ils *ou* elles rend ent.

Imparfait.

(Temps dérivé du *participe pré-
sent* ; on change *ant* en *ais*.)
Je rend ais.
Tu rend ais.
Il *ou* elle rend ait.
Nous rend ions.
Vous rend iez.
Ils *ou* elles rend aient.

Passé défini.

(Temps primitif.)
Je rend is.
Tu rend is.
Il *ou* elle rend it.
Nous rend îmes.
Vous rend îtes.
Ils *ou* elles rend irent.

Passé indéfini.

(Temps composé.)

J'ai rendu.
Tu as rendu.
Il *ou* elle a rendu.
Nous avons rendu.
Vous avez rendu.
Ils *ou* elles ont rendu.

Passé antérieur.

(Temps composé.)

J'eus rendu.

Tu eus rendu.
Il *ou* elle eut rendu.
Nous eûmes rendu.
Vous eûtes rendu.
Ils *ou* elles eurent rendu.

Plus-que-parfait.

(Temps composé.)

J'avais rendu.
Tu avais rendu.
Il *ou* elle avait rendu.
Nous avions rendu.
Vous aviez rendu.
Ils *ou* elles avaient rendu.

Futur simple.

(Temps dérivé du *présent de l'infinitif* ; on change *re* en *rai*.)

Je rend rai.
Tu rend ras.
Il *ou* elle rend ra.
Nous rend rons.
Vous rend rez.
Ils *ou* elles rend ront.

Futur composé,

(Temps composé.)

J'aurai rendu.
Tu auras rendu.
Il *ou* elle aura rendu.
Nous aurons rendu.
Vous aurez rendu.
Ils *ou* elles auront rendu.

MODE CONDITIONNEL.

Présent.

(Temps dérivé du *prés. de l'inf.* ;
on change *re* en *rais*.)

Je rend rais.
Tu rend rais.
Il *ou* elle rend rait.
Nous rend rions.
Vous rend riez.
Ils *ou* elles rend raient.

Passé (Temps composé.)

J'aurais rendu.
Tu aurais rendu.
Il *ou* elle aurait rendu.
Nous aurions rendu.
Vous auriez rendu.
Ils *ou* elles auraient rendu.

On dit encore : j'eusse, tu eusses, il *ou* elle eût, nous eussions, vous eussiez, ils *ou* elles eussent rendu.

MODE IMPÉRATIF.

Présent ou *futur.*

Temps dérivé du *prés. de l'ind. ;* on supprime les pronoms.)

Rend s.
Rend ons.
Rend ez.

MODE SUBJONCTIF.

Présent ou *futur.*

(Temps dérivé du *part. présent ;* on change *ant* en *e.*)

Il faut
{
que je rend e.
que tu rend es.
qu'il *ou* qu'elle rend e.
que nous rend ions.
que vous rend iez.
qu'ils *ou* qu'elles rend ent.
}

Imparfait.

(Temps dérivé du *passé défini ;* on change *is* en *isse.*)

Il fallait
{
que je rend isse.
que tu rend isses.
qu'il *ou* qu'elle rend ît.
que nous rend issions.
que vous rend issiez.
qu'ils *ou* qu'elles rend issent.
}

Passé.

(Temps composé.)

Il a fallu
{
que j'aie rendu.
que tu aies rendu.
qu'il *ou* qu'elle ait rendu.
que nous ayons rendu.
que vous ayez rendu.
qu'ils *ou* qu'elles aient rendu.
}

Plus-que-parfait.

(Temps composé.)

Il aurait fallu
{
que j'eusse rendu.
que tu eusses rendu.
qu'il *ou* qu'elle eût rendu.
que nous eussions rendu.
que vous eussiez rendu.
qu'ils *ou* qu'elles eussent r.
}

MODE INFINITIF.

Présent.

(Temps primitif.)

Rend re.

Passé.

(Temps composé.)

Avoir rendu.

Participe présent.

(Temps primitif.)

Rend ant.

Participe passé.

(Temps primitif.)

Rendu, rendue ; ayant rendu.

OBSERVATION GÉNÉRALE. Nous avons vu que le verbe peut varier dans sa terminaison ; mais remarquez que la partie de mot qui précède la terminaison est invariable, du moins dans les verbes conjugués régulièrement. Cette partie invariable se nomme le *radical.*

Pour faciliter la conjugaison, la terminaison est séparée du radical dans les quatre verbes que nous venons de donner comme modèles, *chant-er*, *fin-ir*, *recev-oir*, *rend-re*.

Ainsi qu'on ait à conjuguer un verbe régulier quelconque, si l'on ne voulait pas recourir aux règles établies pour la formation des temps, les modèles ci-dessus suffiraient.

En effet, supposez le verbe *publier*; détachez-en le radical *publi*, et ajoutez-y la terminaison qui suit *chant* dans le temps qu'il s'agit de former. Exemples: *je chant e, je publi e; — je chant erai, je publi erai; — que nous chant ions, que nous publi ions, etc.*

IV.

CONJUGAISONS IRRÉGULIÈRES.

La plupart des verbes irréguliers ne sont irréguliers que dans leurs temps primitifs, c'est-à-dire que la terminaison de ces temps primitifs n'est pas en tout conforme à la conjugaison qui devrait lui servir de modèle. Ainsi *servir*, dont le modèle serait *finir*, est irrégulier, parce qu'au lieu de dire, au présent de l'indicatif *je servis*, comme *je finis*, on dit *je sers*. — Du reste, ces verbes se conjuguent régulièrement et leurs temps dérivés se forment ordinairement selon la règle générale. Exemple:

De l'infinitif *servir*, formez le futur, *je servirai*, et le conditionnel, *je servirais*; — du participe présent *servant*, formez le pluriel du présent de l'indicatif: *nous servons, vous servez, ils servent*; — du participe passé *servi*, formez tous les temps composés: *j'ai servi, j'aurais servi*; — du présent de l'indicatif *tu sers, nous servons, vous servez*, formez l'impératif: *sers, servons, servez*; — du passé défini *je servis*, formez l'imparfait du subjonctif: *que je servisse*.

Il suffit donc de bien connaître les temps primitifs de ces verbes, pour en former facilement les dérivés.

Mais il y a des verbes qui sont irréguliers et dans leurs temps primitifs et dans leurs temps dérivés. Ainsi *cueillir*, au lieu de faire *je cueillirai* au futur, fait *je cueillerai*; *mourir*, au lieu de *que je moure* au présent du subjonctif, fait *que je meure;* etc. — Nous indiquerons ces irrégularités dans le tableau que nous donnerons plus loin (voir p. 41.)

Il y a des verbes irréguliers qui sont en même temps *défectifs*, c'est-à-dire qu'ils ne sont pas usités à certain nombre, à certaines personnes, à certains temps, tels que *clore*, qui n'a point de pluriel au présent de l'indicatif; *braire*, qui ne s'emploie jamais qu'à la troisième personne du singulier ou du pluriel; *luire, absoudre, traire*, qui n'ont pas de passé défini, etc.

Lorsqu'un temps primitif manque, les temps qui en sont dérivés manquent aussi.

CHAPITRE SEPTIÈME.

DES DIFFERENTES SORTES DE VERBES.

Nous avons six sortes de verbes, savoir : les verbes AUXILIAIRES, les verbes ACTIFS, les verbes PASSIFS, les verbes NEUTRES, les verbes PRONOMINAUX et les verbes UNIPERSONNELS.

1° DU VERBE AUXILIAIRE. — Il y a deux verbes auxiliaires qui sont *avoir* et *être*. Ils sont ainsi nommés, parce qu'ils aident à conjuguer certains temps des autres verbes. Exemples : *j'ai aimé ; je suis allé.*

2° DU VERBE ACTIF. — On reconnaît qu'un verbe est ACTIF lorsqu'on peut, après le présent de l'indicatif, placer les mots *quelqu'un* ou *quelque chose*. Ainsi, *aimer, lire,* sont des verbes actifs, puisqu'on peut dire : *j'aime quelqu'un ; je lis quelque chose.*

Le verbe actif dans ses temps composés, se conjugue toujours avec l'auxiliaire *avoir*.

3° DU VERBE PASSIF. — Tout verbe PASSIF vient nécessairement d'un verbe actif, de sorte qu'on peut reconnaître un verbe passif quand on peut le changer en verbe actif. Exemples : *je suis aimé de Dieu,* tournez activement : *Dieu m'aime.* — *Pierre a été battu par Paul,* tournez : *Paul a battu Pierre.*

Il n'y a qu'une seule conjugaison pour tous les verbes passifs ; elle se fait avec l'auxiliaire *être* dans tous ses temps, et avec le participe passé d'un verbe actif. Exemples :

Je suis aimé, tu es aimé, il est aimé, nous sommes aimés, vous êtes aimés, ils sont aimés. — J'étais aimé, etc. — Je fus aimé. — J'ai été aimé. — J'eus été aimé. — J'avais été aimé. — Je serai aimé. — J'aurai été aimé. — Je serais aimé. — J'aurais été aimé ; j'eusse été aimé. — Sois aimé. — Que je sois aimé. — Que je fusse aimé. — Que j'aie été aimé. — Que j'eusse été aimé. — Être aimé. — Avoir été aimé. — Étant aimé — Ayant été aimé.

4° DU VERBE NEUTRE. — Le verbe NEUTRE est celui qui ne peut pas être suivi de l'un des mots *quelqu'un* ou *quelque chose*, et qui ne peut pas non plus se tourner par le passif. Ainsi *tomber, dormir* sont des verbes neutres, car on ne dit pas : *je tombe quelqu'un, je dors quelque chose.* On ne peut pas non plus tourner par le passif, et dire : *j'ai été tombé, j'avais été dormi.*

Les temps simples des verbes neutres réguliers se conjuguent sur le modèle des verbes *chanter, finir, recevoir* ou *rendre.*

Quant aux temps composés, il se conjuguent, en règle générale, et presque toujours, avec l'auxiliaire *avoir.* Exemples : *marcher, dormir, régner; j'ai marché, j'ai dormi, j'ai régné.*

Par exception, l'usage veut que l'on conjugue avec l'auxiliaire *être* les temps composés dans les verbes neutres suivants : *aller, arriver, tomber, naître, décéder, mourir, éclore, choir, venir,* et les composés de *venir,* comme *devenir, parvenir, revenir, intervenir;* ainsi dites : *je suis allé, j'étais arrivé, je serais tombé,* etc.

Mais remarquez qu'il y a quelques autres verbes neutres qui, selon les circonstances, prennent tantôt *avoir,* tantôt *être,* tels que *vieillir, périr, rester.* Exemples : *cet homme est bien vieilli, il a vieilli dans le service.* — *Mes parents sont péris, ils ont péri dans les flots.* — *J'ai resté deux jours à Lyon pour l'attendre, mais il est resté à Paris.*

Ici l'emploi de l'auxiliaire dépend du sens du verbe; employez *avoir,* quand le verbe marque l'action, et *être* quand il marque l'état. Ainsi, lorsque je dis : *cet homme est bien vieilli,* je me sers de l'auxiliaire *être,* parce que j'exprime son état; et je dis : *il a vieilli dans le service,* parce que j'énonce comment il a fait l'action de vieillir.

5° DU VERBE PRONOMINAL. — On nomme verbes PRONOMINAUX ou RÉFLÉCHIS, ceux qui se conjuguent avec deux pronoms de la même personne, tel que *je me, tu te, il se, nous nous, vous vous, ils se.* Exemples : *je me tais, tu te dédis, il se souvient, nous nous rappelons, vous vous réfugiez, ils se plaignent.*

Les verbes pronominaux se conjuguent comme les verbes actifs, mais ils prennent toujours l'auxiliaire *être* pour former leurs temps composés; ainsi dites : *je me suis souvenu, tu te serais réfugié, il se sera plaint,* etc.

6° DU VERBE UNIPERSONNEL. — Les verbes UNIPERSONNELS sont certains verbes défectifs que l'on n'emploie dans tous leurs temps qu'à la troisième personne du singulier avec le pronom *il.* Exemples : *il importe, il pleut, il y a, il faut.*

On reconnaît qu'un verbe est unipersonnel quand on ne peut pas remplacer le pronom *il* par un nom, ou par un autre pronom personnel.

CHAPITRE HUITIÈME.
MOTS INVARIABLES.

Nous avons dit qu'il y a quatre espèces de mots invariables, savoir : l'*adverbe*, la *préposition*, la *conjonction* et l'*interjection*.

I.

L'ADVERBE.

L'ADVERBE est un mot qui se joint à un verbe ou à un adjectif, pour en déterminer le sens. Il exprime ordinairement le temps, le lieu, la manière, la quantité, l'ordre, l'affirmation, la négation, la comparaison ou l'interrogation.

EXEMPLES D'ADVERBES.

De temps : *j'ai dansé* HIER.
De lieu : *venez* ICI.
De manière : *il s'est conduit* PRUDEMMENT.
De quantité : *vous jouez* BEAUCOUP.
D'ordre : *écrivez* D'ABORD, *vous lirez* ENSUITE.
D'affirmation : OUI, CERTES, *je viendrai.*
De négation : NON, *je* NE *viendrai* PAS.
De comparaison : *il est* MOINS *riche et* PLUS *heureux.*
D'interrogation : POURQUOI *êtes vous triste*?

Certains adjectifs deviennent quelquefois adverbes ; cela a lieu lorsqu'au lieu d'être joints à un nom, ces adjectifs sont joints à un verbe, et qu'ils déterminent le sens de ce verbe. Exemples : *il dit* vrai, *elle chante* faux, *elle parle* haut, *il raisonne* juste.

II.

LA PRÉPOSITION.

La PRÉPOSITION est un mot qui placé entre deux mots, les lie ensemble et sert à exprimer le rapport de l'un à l'autre. Exemples : *je vais* vers *l'eau, je vais* sur *l'eau; je vais* contre *l'eau.* Les mots *vers, sur, contre,* placés entre les mots *je vais* et *l'eau,* servent à lier ensemble ce verbe et ce nom, et à exprimer les rapports de l'un à l'autre ; ce sont donc des prépositions.

La préposition est toujours suivie d'un nom, ou d'un pronom, ou d'un infinitif. Exemples : *l'amour* de *Dieu; priez* pour *moi; préparez-vous* à *lire.*

Les principaux rapports que les prépositions expriment sont les rapports : 1° de lieu et d'ordre ; 2° de temps ; 3° de

but ; 4° d'union ; 5° de séparation et d'exception ; 6° d'oppo-
sition ; 7° de qualification, d'appartenance, de cause et de
moyen.

1° *Rapports de* LIEU *et* d'ORDRE.

Être *à* Paris. — *Auprès* du prince. — *Chez* sa mère. — *Dans*
le jardin. — Sortir *de* la maison. — Mettez ce chapitre *avant* l'autre.
— Marchez *devant* moi. — Restez *derrière* nous. — Il est *en* ville.
— *Entre* Nancy et Metz. — Ce papier était *parmi* mes livres. — Il
alla *jusqu'*à Rome. — Il s'arrêta *proche* de la ville. — Il demeure
près de l'église. — *Sous* le toit. — *Sur* une chaise. — *Vers* le
nord. — *Vis-à-vis* de mes fenêtres.

2° *Rapports de* TEMPS.

A midi. — *Avant* le soir. — *Après* le travail. — *Dans* quinze
jours. — *Depuis* un siècle. — *Durant* la leçon. — *En* six mois.
— *Pendant* la messe. — *Vers* la nuit.

3° *Rapports de* BUT.

Parler *à* quelqu'un. — L'humanité *envers* les peuples. — *Par-delà*
les Pyrénées, *au-delà* des monts. — Travailler *pour* la gloire. —
A travers les champs, *au travers* des broussailles. — *Voici* mon
livre, *voilà* le tien.

4° *Rapports* d'UNION.

Il vit *avec* son frère. — *Outre* cette somme, il reçut encore tant.
— Cela n'est pas *selon* l'évangile. — Les terres produisent *suivant*
la culture.

5° *Rapports de* SÉPARATION *et* d'EXCEPTION.

Servez vos amis, *excepté* contre votre conscience. — Ils vinrent
tous, *hormis* deux. — Il est *hors* de rang. — Point de bonheur
sans vertu.

6° *Rapports* d'OPPOSITION.

Marcher *contre* l'ennemi. — Il s'est marié *malgré* son père. —
Il fut massacré dans le temple, *nonobstant* la sainteté du lieu.

7° *Rapports de* QUALIFICATION, d'APPARTENANCE,
de CAUSE *et de* MOYEN.

Un habit *de* drap. — Ce livre est *à* moi. — Le chapeau *de* Paul.
— *Vu* son infirmité, et *attendu* son âge, il fut secouru. — Il paya
en écus. — Il s'est enrichi *par* la fraude. — J'arriverai *moyennant*
la grâce de Dieu.

III.

LA CONJONCTION.

La CONJONCTION sert à lier un mot à un autre mot, une
phrase à une autre phrase. Exemples : *vous n'étudiez pas,*

mais *vous vous en repentirez* lorsqu'*il ne sera plus temps,* car *l'ignorance engendre les vices* et *la misère.* Les mots *mais, lorsque, car, et,* sont des conjonctions. — Pour en comprendre l'utilité, détachez-les de la phrase et dites : *vous n'étudiez pas; vous vous repentirez, il ne sera plus temps : l'ignorance engendre les vices, la misère.*

Les conjonctions les plus usitées sont : *et, ni, en, soit, si, sinon, mais, cependant, puisque, donc, ainsi, car, parce que, quoique, lorsque, tandis que, comme, d'ailleurs,* et *que.*

— La conjonction *que* est celle dont nous faisons le plus fréquent usage. *Que* conjonction ne peut jamais se tourner par *lequel* ou *laquelle;* c'est ce qui le distingue de *que* pronom.

IV.

L'INTERJECTION.

L'INTERJECTION sert à exprimer, d'un seul trait, les émotions vives et subites de l'âme; ce n'est pour ainsi dire qu'un cri, mais ce cri équivaut à une phrase entière.

Nous citerons les interjections suivantes :

Pour la douleur ou l'affliction : *hé! hélas!*
Pour la joie : *ah! bon!*
Pour le mépris : *fi! fi donc!*
Pour l'admiration : *oh!*
Pour encourager : *oh ça! ferme!*
Pour appeler : *hola! hé!*
Pour le silence : *chut!*

CHAPITRE NEUVIÈME.

ANALYSE LOGIQUE.

I.

Les mots s'unissent ensemble pour former des PHRASES. La PHRASE est donc composée de différentes parties.

Pour distinguer ces différentes parties, et connaître les rapports qu'elles ont entre elles, il faut faire l'ANALYSE LOGIQUE de la phrase.

II.

DU VERBE.

Toute phrase énonce un jugement, c'est-à-dire qu'elle exprime que l'objet dont nous parlons est ou n'est pas, qu'il a telle ou telle qualité, qu'il fait ou ne fait pas telle ou telle action. D'où nous conclurons que dans toute phrase, il y a un VERBE. Exemples : *Dieu est. Dieu est juste. Dieu* puni[t] *les méchants.*

Remarquez que le verbe est quelquefois sous-entendu, mais on peut le rétablir. Ainsi dans ces mots: *qui a déchiré ce livre?* réponse: *Paul;* je compte deux phrases. Dans la première, le verbe est exprimé: *qui a déchiré ce livre?* dans la seconde, qui se forme du seul mot *Paul,* le verbe est sous-entendu; c'est comme s'il y avait: *Paul* a déchiré *le livre.* — Si je dis: *silence!* ce seul mot forme une phrase; c'est comme si je disais: faites *silence!*

III.

DU SUJET.

Le verbe, quand il n'est pas employé à l'infinitif a toujours, et nécessairement, un SUJET.

On appelle SUJET, le mot qui représente la personne ou la chose qui est ou qui agit.

Le sujet d'un verbe est presque toujours un nom ou un pronom.

On trouve le sujet en faisant la question *qui est-ce qui,* pour les personnes, et *qu'est-ce qui,* pour les choses; la réponse à cette question indique le sujet. Exemples:

Paul est sage; qui est-ce qui est sage? réponse : *Paul. Paul* est donc le sujet du verbe *est.* — *Le travail améliore l'homme;* qu'est-ce qui améliore? réponse : *le travail. Le travail* est donc le sujet du verbe *améliore.* — *Dieu, qui est juste, récompense la vertu.* Il y a ici deux phrases, puisqu'il y a deux verbes: qui est-ce qui est juste? réponse : *Dieu,* représenté ici par le pronom *qui;* qui est-ce qui récompense? réponse : *Dieu. Qui* et *Dieu* sont donc ici sujets.

L'infinitif sert quelquefois de sujet. Exemples: *mentir est honteux;* qu'est-ce qui est honteux? réponse : *mentir.*

IV.

DE L'ATTRIBUT.

Le verbe a aussi toujours un ATTRIBUT. — L'ATTRIBUT sert à qualifier l'état ou la manière d'être du sujet. L'attribut est donc ordinairement un adjectif ou un mot pris adjectivement. Exemples :

La vertu est aimable; la vertu est estimée. L'adjectif *aimable* et le participe *estimée,* pris ici adjectivement, sont des attributs puisqu'ils qualifient le sujet.

L'attribut est quelquefois énoncé par un nom ou par un pronom. Exemples :

Mentir est une honte, cette faute est la vôtre. Le nom *honte,* et le pronom *la vôtre,* sont ici des attributs.

— Nous venons de dire que le verbe a toujours un attribut. Cependant on n'en aperçoit pas dans cette phrase: *Paul dort;* en effet, il n'y a là ni adjectif, ni participe, ni nom, ni pronom qui qualifie le sujet. Remarquez donc qu'il arrive le plus souvent que le verbe et l'attribut sont réunis en un seul mot; il faut alors décomposer le verbe à l'aide de l'auxiliaire *être,* ainsi qu'il suit: *Paul dort,* c'est-à-dire, *Paul est dormant;* — *Paul dormira,* c'est-à-dire, *Paul sera dormant;* — *Paul a dormi,* c'est-à-dire, *Paul a été dormant.* Le participe *dormant,* pris ici adjectivement, qualifie le sujet; il en est donc l'attribut.

V.

DU COMPLÉMENT.

On appelle COMPLÉMENT, un mot qui achève d'exprimer l'idée commencée par un autre mot, et qui, par conséquent, en complète la signification. Exemples:

L'oubli des injures; le mot *des injures* complète l'idée commencée par le mot *oubli.* — *Utile aux hommes; aux hommes* complète l'idée commencée par *utile.* — *Ce chapeau est celui de Jacques; de Jacques* complète l'idée commencée par *celui.* — *Dans la maison; la maison* complète l'idée commencée par *dans.* — *Cultivez la vertu; la vertu* complète l'idée commencée par *cultivez.*

Tous ces mots qui complètent une idée commencée sont donc des compléments. On voit par ces exemples que les noms, les adjectifs, les pronoms et les prépositions, peuvent, aussi bien que les verbes, avoir un complément.

On distingue deux sortes de compléments: le complément DIRECT, et le complément INDIRECT. — Les verbes actifs qui peuvent seuls avoir le complément direct, réunissent souvent l'un et l'autre.

1° DU COMPLÉMENT DIRECT. — C'est celui qui complète directement et immédiatement la signification d'un mot, c'est-à-dire sans le secours d'un autre mot. On le connaît en faisant la question *qui?* pour les personnes; et *quoi?* pour les choses. Exemple:

Cet enfant contente ses parents, en remplissant ses devoirs. — Cet enfant contente *qui?* ses parents; en remplissant *quoi?* ses devoirs. *Parents* et *devoirs* sont donc ici compléments directs.

2° DU COMPLÉMENT INDIRECT. — Ce complément, au contraire, ne complète la signification du mot qu'à l'aide d'une préposition exprimée ou sous-entendue, comme *à, de, pour, avec, dans,* etc. Il répond à l'une des questions *à qui* ou *à quoi? de qui* ou *de quoi? avec qui* ou *avec quoi?* etc. Exemple:

Ne vous enorgueillissez pas dans la prospérité, mais songez à l'adversité, car l'une et l'autre viennent de Dieu. — Ne vous enorgueillissez pas, dans *quoi?* dans la prospérité; mais songez, à *quoi?* à l'adversité; car l'une et l'autre viennent, *de qui?* de Dieu. Les réponses à ces questions donnent le complément indirect.

— Telles sont les principales règles de l'analyse logique; elles serviront à l'intelligence des règles sur l'accord qui feront l'objet du chapitre suivant.

CHAPITRE DIXIÈME.

DE L'ACCORD.

I.

On nomme ACCORD, le rapport de genre et de nombre qui existe entre deux mots, dont l'un est tellement dépendant de l'autre qu'il doit en prendre les formes et en subir la loi.

En vertu de cette loi d'accord, *l'article*, quelques *pronoms*, *l'adjectif*, et dans certains cas, les *participes* varient en genre et en nombre, selon le genre et le nombre du nom auquel ils se rapportent.

Le verbe s'accorde, en nombre et en personne, avec son sujet.

II.

DE L'ARTICLE.

Nous savons déjà que l'article sert à faire distinguer le genre et le nombre du nom devant lequel il est placé; nous savons encore qu'il n'y a que l'article *le* pour le masculin singulier, *la* pour le féminin singulier, *les* pour le pluriel des deux genres: dès-lors, l'accord est facile à comprendre et à établir entre l'article et le nom.

III.

DU PRONOM.

Quant au pronom, dont la fonction est de remplacer le nom, on conçoit aisément qu'il subisse, s'il est de forme variable, l'obligation de prendre le genre et le nombre du nom qu'il représente. Ainsi dites: *un bon père est* celui qui... *une bonne mère est* celle qui.,... *de bons enfants sont* ceux qui.... — *Ce n'est pas votre affaire;* c'est la mienne. — *Ce ne sont pas vos affaires;* ce sont les miennes. — *Le prince à la protection* du quel j'ai recours; *la princesse à la protection* de laquelle... *les ministres à la protection* des quels...

(37)

IV.

DE L'ADJECTIF.

PREMIÈRE RÈGLE. — L'adjectif, tout-à-fait dépendant du nom dont il exprime la qualité, doit en prendre le genre et le nombre. Exemples : bon *père*, bonne *mère*, bons *garçons*, bonnes *filles*.

Quand l'adjectif est employé comme attribut du verbe, il prend le genre et le nombre du sujet. Exemples : *cet homme est* prudent ; *cette maison est* grande ; *ees livres sont* utiles.

DEUXIÈME RÈGLE. — Si l'adjectif se rapporte à deux ou à plusieurs noms du nombre singulier et du genre masculin, il se met au pluriel et au masculin. Exemple : *mon père et mon frère sont* bons.

Mettez l'adjectif au féminin et au pluriel, s'il se rapporte à deux noms féminins du singulier : *ma mère et ma sœur sont* bonnes.

Mais si l'adjectif se rapporte à deux noms de genres différents, il se met au pluriel masculin : *mon père et ma mère sont* bons.

— Dans ce cas, il est mieux de placer le nom masculin après le nom féminin et de dire : *ma mère et mon père sont bons.* Dites de même : *la bouche et les yeux ouverts,* et non pas *les yeux et la bouche ouverts.*

V.

DU VERBE.

RÈGLE GÉNÉRALE. — Le verbe s'accorde en nombre et en personne avec son sujet.

1° **ACCORD EN NOMBRE.** — Tout verbe dont le sujet est du singulier doit être au singulier : *Dieu* est *éternel.*

Tout verbe dont le sujet est du pluriel se met au pluriel : *Les hommes* sont *mortels.*

Mettez le verbe au pluriel, lorsque le sujet se compose de plusieurs noms ou pronoms : *Pierre et Paul* sont *frères.* — *Ni l'or, ni la grandeur ne nous* rendent *heureux.* — *Il et elle* viendront.

REMARQUE. — Des exceptions existent ; les exemples suivants en contiennent quelques-unes :

Sa douceur, son aménité est connue de tout le monde.

L'homme n'est qu'un roseau ; une vapeur, un grain de sable suffit pour le tuer.

La peur ou la misère lui a fait commettre cette faute.

Femmes, enfants, vieillards, tout périt.

4

Le temps, les biens, la vie, rien ne nous appartient.

Grands, riches, petits et pauvres, personne ne peut se soustraire à la mort.

La force du corps, comme celle de l'âme, est le fruit de la tempérance.

Ce malheureux père, avec sa fille désolée, pleurait son épouse.

Tibère est un des plus méchants princes qui aient régné; il fut un des plus grands fléaux qui affligèrent l'empire romain.

2° ACCORD EN PERSONNE. — Le verbe se met à la première personne, ou à la seconde, ou à la troisième, suivant que le sujet est de la première, ou de la seconde, ou de la troisième personne. Exemples: *je chante, tu finis, il reçoit.*

Le pronom relatif *qui*, en prenant la place d'un nom ou d'un pronom, reçoit la faculté de communiquer au verbe dont il est le sujet, la personne et le nombre du mot qu'il remplace; conséquemment vous direz: *c'est moi qui* ai parlé, *c'est toi qui* chanteras, *c'est lui qui* a écrit, *si c'était nous qui* voulussions, *si c'était vous qui* voulussiez, *si c'étaient eux qui* voulussent.

OBSERVATION. — Si le sujet se compose de différentes personnes, le verbe, en se mettant au pluriel, prend la première personne préférablement aux deux autres, et la seconde préférablement à la troisième. Exemples: *votre sœur et moi nous* chanterons. — *C'est toi ou moi qui* chanterons. — *Ni lui, ni vous, vous ne* chanterez.

Dans ce cas l'usage exige que le sujet, avec lequel le verbe s'accorde en personne, soit placé le dernier. Ne dites donc pas: *moi et votre sœur... c'est moi ou toi... ni vous, ni lui.*

VI.

DU PARTICIPE.

Le PARTICIPE est ainsi appelé, parce qu'il participe de la nature du verbe, et de celle de l'adjectif.

Il tient du verbe en ce qu'il peut exprimer un état, ou une action. Exemples: *cet homme*, étant *jeune, se distinguait déjà. J'ai vu Georges s'appliquant à l'étude.*

Il tient de l'adjectif lorsque servant à qualifier les noms, il peut avoir un masculin et un féminin, un singulier et un pluriel. Exemples: *son travail est* fini, *ses travaux sont* finis, *la lettre est* arrivée, *les lettres sont* arrivées.

En étudiant la conjugaison, nous avons vu qu'il y a deux sortes de participes: le *participe présent*, et le *participe passé.*

1° DU PARTICIPE PRÉSENT. — Le participe présent se termine toujours en *ant;* il ne varie jamais, c'est-à-dire qu'il

(39)

ne prend ni genre, ni nombre : *un homme* aimant *Dieu*, *une femme* aimant *Dieu*, *des hommes* aimant *Dieu*, *des femmes* aimant *Dieu*.

Cependant on dit : *des hommes* prévoyants, *une femme* obligeante, *des mères* caressantes ; mais ces mots *prévoyants*, *obligeante*, *caressantes*, ne sont pas des participes présents ; ce sont des adjectifs VERBAUX, qu'il ne faut pas confondre avec les participes.

L'adjectif VERBAL, également terminé en *ant*, s'accorde en genre et en nombre avec le nom. C'est un participe devenu adjectif ; il exprime une qualité plutôt qu'une action ; et si le sens qu'il présente offre quelquefois l'idée d'une action, c'est une action qui, par sa durée ou sa continuité, se transforme en manière d'être. Ainsi dans cette phrase : *il vit des serpents* rampant *autour de lui*, — *rampant* est invariable comme participe, puisqu'il exprime l'action de ramper ; mais dans cette autre phrase : *les serpents sont des animaux* rampants, — *rampants*, adjectif verbal, a pris le genre et le nombre du nom, parce qu'il exprime la qualité, la manière d'être habituellement des serpents.

Ordinairement, pour distinguer le participe présent de l'adjectif verbal, il faut voir si le mot en *ant* peut se décomposer par un autre temps du verbe, que l'on fait précéder de *qui*, ou de *lorsque*, *puisque*, *parce que*. Exemples : *J'ai entendu des avocats* plaidant *avec chaleur la cause de leurs clients ;* tournez : *des avocats qui plaidaient, ou lorsqu'ils plaidaient*. — *Les officiers, prévoyant le voisinage de l'ennemi, s'arrêtèrent ;* tournez : *les officiers, qui prévirent, ou parce qu'ils prévirent*.

Les mots en *ant* qui peuvent se tourner ainsi sont des participes.

2° DU PARTICIPE PASSÉ. — Le participe passé est tantôt variable, tantôt invariable.

Variable. — Le participe passé précédé du verbe *être* s'accorde toujours en genre et en nombre avec le sujet. Ex. :

Ces hommes sont *tombés*, leurs mains sont *déchirées*. — Paul, soyez sage et vous serez *aimé*. — Mes enfants, soyez sages et vous serez *aimés*.

Il n'y a d'exception à cette règle que pour certains verbes pronominaux.

Le participe passé employé sans l'auxiliaire, s'accorde, comme l'adjectif, en genre et en nombre avec le nom ou le pronom auquel il se rapporte : *voilà une mère* chérie *de ses enfants ; voilà des enfants bien* élevés.

Invariable. — En règle générale, le participe passé est invariable dans les temps composés des verbes qui se conjuguent avec l'auxiliaire *avoir*. Exemples :

Elle a *chanté*, ils ont *chanté*. — Elle a *aimé* sa mère, ils ont *aimé* leurs parents. — Elle a *paru*, ils ont *disparu*.

Mais dans les temps composés qui se conjuguent avec l'auxiliaire *avoir*, le participe passé devient variable, lorsqu'il est précédé d'un complément direct : alors il s'accorde en genre et en nombre avec ce complément. Exemples :

La leçon *que* j'ai *étudiée* était longue. — Voici les lettres *que* j'ai *reçues*. — Où sont les livres *que* je vous ai *prêtés*? je *les* ai *perdus*. — Dieu *nous* a *récompensés*. — Combien de *pages* avez-vous *écrites*? — Quelle *joie* j'ai *éprouvée*!

— Ainsi le seul moyen de décider si le participe passé accompagné du verbe *avoir* est variable ou non, c'est d'examiner la nature et la place du complément, à l'aide de la question *qui? quoi?* Quand le complément est direct, et qu'il est placé avant le participe, il faut faire accorder ce participe en genre et en nombre avec le complément.

Dans les verbes pronominaux. — Dans les verbes pronominaux, dont les temps composés se conjuguent toujours avec l'auxiliaire *être*, ce verbe *être* est employé pour *avoir*; ainsi vous dites : *je me suis blessé*, au lieu de : *j'ai blessé moi. Je me suis blessé le doigt*, pour *j'ai blessé à moi le doigt*. — Le participe dans ces verbes pronominaux suit donc la même règle que le participe conjugué avec *avoir*, c'est-à-dire qu'il s'accorde en genre et en nombre avec le second des deux pronoms, si ce pronom forme un complément direct. Exemples :

Ils se sont blessés à la tête. Qui ont-ils blessé? *se* mis ici pour *eux-mêmes*; à quoi? *à la tête; se* est donc complément direct, et il y a accord. — *Ils se sont blessé le doigt.* Ils ont blessé, quoi? *le doigt;* à qui? *à eux-mêmes; se* mis ici pour *à eux-mêmes*, est donc complément indirect, et il n'y a pas accord. Ecrivez :

Quand SE *mis pour* SOI, *est complément direct.*	*Quand* SE *mis pour* A SOI, *est complément indirect.*
Ils se sont *jetés* à l'eau.	Ils se sont *jeté* des pierres.
Elles se sont *proposées* comme modèles de douceur.	Elles se sont *proposé* de mieux agir.
Ils se sont *sentis* assez courageux pour résister.	Ils se sont *senti* le courage de résister.
Elles se sont *vendues* par leur indiscrétion.	Elles se sont *vendu* plusieurs objets.

TABLEAU DES VERBES IRRÉGULIERS
ET DÉFECTIFS.

Verbes de la première conjugaison.

ALLER. = *Temps primitifs*: Aller. – Allant. – Allé. – Je vais. – J'allai.

Présent de l'indicatif: *je vais, tu vas, il va, nous allons, vous allez, ils vont.* — Futur: *j'irai.* — Conditionnel: *j'irais.* — Impératif: *va, allons, allez.* — Prés. du subj.: *que j'aille, que tu ailles, qu'il aille, que nous allions, que vous alliez, qu'ils aillent.*

ENVOYER. = Envoyer. – Envoyant. – Envoyé. – J'envoie. – J'envoyai.

Futur: *j'enverrai.* — Conditionnel: *j'enverrais.*

Verbes de la seconde conjugaison.

ASSAILLIR. = *temps primitifs:* Assaillir. – Assaillant. – Assailli. – J'assaille. – J'assaillis.

Ce verbe n'est plus guère usité qu'au présent de l'indicatif: *j'assaille, tu assailles, il assaille, nous assaillons, vous assaillez, ils assaillent;* et aux temps composés: *j'ai assailli.*

BÉNIR......................

Ce verbe n'est irrégulier qu'à son participe passé, qui fait *bénit, bénite;* et *beni, bénie.* — *Bénit* s'emploie en parlant de la bénédiction de l'église: *du pain bénit, de l'eau bénite; béni* se dit en parlant de la bénédiction de Dieu, ou encore pour désigner les louanges adressées à Dieu ou aux hommes: *Vous êtes* bénie *entre toutes les femmes.* Béni *soit Dieu! Une prince* béni *de Dieu et des hommes.*

BOUILLIR. = Bouillir. – Bouillant. – Bouilli. – Je bous. – Je bouillis.

Ce verbe ne s'emploie guère qu'à la troisième personne du singulier ou du pluriel; autrement il est mieux de dire: *je fais bouillir, nous faisons bouillir.*

COURIR. = Courir. – Courant. – Couru. – Je cours. – Je courus.

Futur: *je courrai.* — Conditionnel: *je courrais.*

CUEILLIR. = Cueillir. – Cueillant. – Cueilli. – Je cueille. – Je cueillis.

Futur: *je cueillerai.* — Conditionnel: *je cueillerais.*

*

Dormir. == Dormir. – Dormant. – Dormi. – Je dors. – Je dormis.

Faillir . . . .

Ce verbe n'est guère en usage qu'au prétérit défini : *je faillis, nous faillîmes, etc.* ; à tous les temps composés : *j'ai, j'aurais failli,* et à l'infinitif : *faillir, faillant, failli, faillie.*

Fuir. == Fuir. – Fuyant. – Fui. – Je fuis. – Je fuis.

Haïr . . . .

Ce verbe n'est irrégulier que dans la prononciation : il prend deux points sur l'*i* dans toute la conjugaison, excepté au singulier du présent de l'indicatif et de l'impératif : *je hais, tu hais, il hait ; hais.* — Au passé défini et à l'imparfait du subjonctif, les deux points sur l'*i* remplacent l'accent circonflexe : *nous haïmes, vous haïtes, qu'il haït.*

Mentir. == Mentir. – Mentant. – Menti. – Je Mens. – Je mentis.

Mourir. == Mourir. – Mourant. – Mort. – Je meurs. – Je mourus.

Indic. présent : *je meurs, tu meurs, il meurt, nous mourons, vous mourez, ils meurent.* — Futur : *je mourrai.* — Cond. : *je mourrais.* — Prés. du subjonctif : *que je meure, que tu meures, qu'il meure, que nous mourions, que vous mouriez, qu'ils meurent.*

Offrir. == Offrir. – Offrant. – Offert. – J'offre. – J'offris.

Ouvrir. == Ouvrir. – Ouvrant. – Ouvert. – J'ouvre. – J'ouvris.

Partir. == Partir. – Partant. – Parti. – Je pars. – Je partis.

Saillir . . . .

Saillir, signifiant jaillir, en parlant des choses liquides, est régulier : *il saillit, saillissant, sailli, etc.* ; mais signifiant s'avancer en dehors, il est irrégulier, et il n'est d'usage qu'aux troisièmes personnes des temps simples : *il saille, ils saillent, il saillait, qu'il saille, saillant.* — *Ce balcon saille, est saillant.*

Sentir. == Sentir. – Sentant. – Senti. – Je sens. – Je sentis.

Servir. == Servir. – Servant. – Servi. – Je sers. – Je servis.

Sortir. == Sortir. – Sortant. – Sorti. – Je sors. – Je sortis.

Souffrir. == Souffrir. – Souffrant. – Souffert. – Je souffre. – Je souffris.

Tenir. == Tenir. – Tenant. – Tenu. – Je tiens. – Je tins.

Prés. de l'ind. : *je tiens, tu tiens, il tient, nous tenons, vous tenez, ils tiennent.* — Futur : *je tiendrai.* — Cond. : *je tiendrais.* — Subj. prés. : *que je tienne, que tu tiennes, qu'il tienne, que nous tenions, que vous teniez, qu'ils tiennent.*

Tressaillir. = Tressaillir. – Tressaillant. – Tressailli. – Je tressaille. – Je tressaillis.

Futur : *je tressaillerai.* — Cond. : *je tressaillerais.*

Venir. = Venir. – Venant. – Venu. – Je viens. – Je vins.

Ce verbe se conjugue exactement comme *tenir.*

Vêtir. = Vêtir. – Vêtant. – Vêtu. – Je vêts. – Je vêtis.

Verbes de la troisième conjugaison.

Asseoir. = *Temps primitifs :* Asseoir. – Asseyant. – Assis. – J'assieds. – J'assis.

Futur : *j'assiérai.* — Cond. : *j'assiérais.*

Choir. . . . .

Ce verbe est peu usité : on ne l'emploie qu'à l'infinitif et au participe *chu.*

Déchoir. = Déchoir. – Déchu. – Je déchois. – Je déchus. – Pas de participe présent.

Futur. — *je décherrai.* — Cond. : *je décherrais.*

Échoir. = Échoir. – Échéant. – Échu. – J'échois. – J'échus.

Indic. prés. : *il échoit* ou *il échet ; ils échoient* ou *ils échéent.* — Futur : *j'écherrai.* — Cond. : *j'écherrais.* — En général, ce verbe n'est bien employé qu'à la troisième personne du singulier et à celle du pluriel. *Il échoit, il écherra.*

Falloir. = Falloir. – Fallu. – Il faut. – Il fallut. – Point de participe présent.

Imparf. de l'ind. : *il fallait.* — Futur : *il faudra.* — Cond. : *il faudrait.* — Point d'impératif — Subj. prés. : *qu'il faille.*

Mouvoir. = Mouvoir. – Mouvant. – Mu. – Je meus. – Je mus.

Présent de l'indic. : *je meus, tu meus, il meut, nous mouvons, vous mouvez, ils meuvent.* — Prés. du subj. : *que je meuve, que tu meuves, qu'il meuve, que nous mouvions, que vous mouviez, qu'ils meuvent.*

Pleuvoir. = Pleuvoir. – Pleuvant. – Plu. – Il pleut. – Il plut.

Pourvoir. = Pourvoir. – Pourvoyant. – Pourvu. – Je pourvois. – Je pourvus.

Pouvoir. = Pouvoir. – Pouvant. – Pu. – Je peux *ou* je puis. – Je pus.

Indic. prés. : *je peux* ou *je puis, tu peux, il peut, nous pou-*

vons, vous pouvez, ils peuvent. — Futur: *je pourrai.* — Cond: *je pourrais.* — Point d'impératif. — Subj. prés.: *que je puisse.*

PRÉVOIR........................

Ce verbe se conjugue comme *voir*, excepté au futur et au conditionnel: *je prévoirai, je prévoirais.*

SAVOIR. ═ Savoir. - Sachant. - Su. - Je sais. - Je sus.

Indic. prés.: *je sais, tu sais, il sait, nous savons, vous savez, ils savent.* — Imparfait de l'ind.: *je savais.* — Futur: *je saurai.* Cond.: *je saurais.* — Impératif: *sache, sachons, sachez.*

SURSEOIR. ═ Surseoir. - Sursoyant. - Sursis. - Je sursois. - Je sursis.

VALOIR. ═ Valoir. - Valant. - Valu. - Je vaux. - Je valus.

Indic. prés.: *je vaux, tu vaux, il vaut, nous valons, vous valez, ils valent.* — Futur: *je vaudrai.* — Cond.: *je vaudrais.* — Point d'impératif. — Subj. présent: *que je vaille, que tu vailles, qu'il vaille, que nous valions, que vous valiez, qu'ils vaillent.*

VOIR. ═ Voir. - Voyant. - Vu. - Je vois. - Je vis.

Futur: *je verrai.* — Cond.: *je verrais.*

VOULOIR. ═ Vouloir. - Voulant. - Voulu. - Je veux. - Je voulus.

Prés. de l'ind.: *je veux, tu veux, il veut, nous voulons, vous voulez, ils veulent.* — Futur: *je voudrai.* — Cond.: *je voudrais.* — L'impératif n'a que la seconde personne du pluriel. *Veuillez.* — Prés. du subj.: *que je veuille, que tu veuilles, qu'il veuille, que nous voulions, que vous vouliez, qu'ils veuillent.*

Verbes de la quatrième conjugaison.

ABSOUDRE. ═ *Temps primitifs:* Absoudre. - Absolvant. - Absous, absoute. - J'absous. - Point de passé défini.

BATTRE. ═ Battre. - Battant. - Battu. - Je bats. - Je battis.

BOIRE. ═ Boire. - Buvant. - Bu. - Je bois. - Je bus.

Présent de l'ind.: *je bois, tu bois, il boit, nous buvons, vous buvez, ils boivent.* — Prés. du subj.: *que je boive, que je boives, qu'il boive, que nous buvions, que vous buviez, qu'ils boivent.*

BRAIRE. ═ Braire. - Il brait. - Point de participes, ni de passé défini

Ce verbe ne s'emploie qu'au présent de l'infinitif; aux troisièmes personnes du présent de l'indicatif, du futur et du conditionnel: *il brait, ils braient; il braira, ils brairont; il brairait, ils brairaient.*

Bruire. . . . .

Ce verbe n'est guère d'usage qu'à l'infinitif présent, à la troisième personne sing. de l'indicatif, *il bruit,* et aux troisièmes personnes de l'imparfait de l'indicatif: *il bruissait, ils bruissaient.*

Circoncire. = Circoncire. – Circoncisant. – Circoncis. – Je circoncis. – Je circoncis.

Clore. = Clore. – Clos. – Je clos. – Point de participe présent, ni de passé défini.

Ce verbe n'a donc aucun des temps qui se forment du participe présent ou du passé défini.

Conclure. = Conclure. – Concluant. – Conclu. – Je conclus. – Je conclus.

Conduire. = Conduire. – Conduisant. – Conduit. – Je conduis. – Je conduisis.

Connaître. = Connaître. – Connaissant. – Connu. – Je connais. – Je connus.

Coudre. = Coudre. – Cousant. – Cousu. – Je couds. – Je cousis.

Croire. = Croire. – Croyant. – Cru. – Je crois. – Je crus.

Croître. = Croître. – Croissant. – Crû. – Je crois. – Je crûs.

Dire. = Dire. – Disant. – Dit. – Je dis. – Je dis.

Prés. de l'ind.: *je dis, tu dis, il dit, nous disons, vous dites, ils disent.* — Dans les verbes composés de *dire,* écrivez: *vous redites; vous dédisez, vous contredisez, vous interdisez, vous médisez, vous prédisez;* — *maudissant;* — *nous maudissons, vous maudissez, ils maudissent;* — *je maudissais.*

Éclore . . . .

Il n'est d'usage qu'à l'infinitif présent: *éclore;* — au participe passé, *éclos;* — aux troisièmes personnes du présent de l'indicatif, *il éclot, ils éclosent;* — au futur, *il éclora, ils écloront;* — au cond., *il éclorait, ils écloraient;* — au prés. du subjonctif, *qu'il éclose, qu'ils éclosent;* — enfin aux troisièmes personnes des temps qui se forment du participe passé.

Écrire. = Écrire. – Écrivant. – Écrit. – J'écris. – J'écrivis.

Faire. = Faire. – Faisant. – Fait. – Je fais. – Je fis.

Prés. de l'ind.: *je fais, tu fais, il fait, nous faisons, vous faites, ils font.* — Futur: *je ferai.* — Cond.: *je ferais.* — Subj. présent: *que je fasse, que tu fasses, qu'il fasse, que nous fassions, que vous fassiez, qu'ils fassent.*

Frire . . . .

Infinitif prés.: *frire.* — Prés. de l'ind.: *je fris, tu fris, il frit;* point de pluriel. — Futur: *je frirai, tu friras, il frira, nous frirons, vous frirez, ils friront.* — Cond. : *je frirais etc.* — Impératif : *fris.* — Participe passé : *frit, frite;* et tous les temps formés de ce participe.

Pour suppléer aux temps qui manquent, on se sert du verbe *faire* que l'on joint à l'infinitif *frire: nous faisons frire, je faisais frire, que je fasse frire,* etc.

INSTRUIRE. = Instruire. - Instruisant. - Instruit. - J'instruis. - J'instruisis.

LIRE. = Lire. - Lisant. - Lu. - Je lis. - Je lus.

LUIRE. = Luire. - Luisant. - Lui. - Je luis.

Point de passé défini, ni d'impératif.

METTRE. = Mettre. - Mettant. - Mis. - Je mets. - Je mis.

MOUDRE. = Moudre. - Moulant. - Moulu. - Je mouds. - Je moulus.

NAÎTRE. = Naître. - Naissant. - Né. - Je nais. - Je naquis.

NUIRE. = Nuire. - Nuisant. - Nui. - Je nuis. - Je nuisis.

PAÎTRE. = Pait e. - Paissant. - Je pais.

Ce verbe n'est en usage qu'à ces trois temps et à leurs dérivés; encore l'impératif n'a-t-il que la seconde personne pluriel.

Le verbe *repaître* se conjugue comme *paître;* mais il a de plus le participe passé, *repu,* et le passé défini, *je repus.*

PARAÎTRE. = Paraître. - Paraissant. - Paru. - Je parais. - Je parus.

PEINDRE. = Peindre. - Peignant. - Peint. - Je peins. Je peignis.

PRENDRE. = Prendre. - Prenant. - Pris. - Je prends. Je pris.

Prés. de l'ind.: *je prends, tu prends, il prend, nous prenons, vous prenez, ils prennent.* — Prés. du subj.: *que je prenne, que tu prennes, qu'il prenne, que nous prenions, que vous preniez, qu'ils prennent.*

RÉSOUDRE. = Résoudre. - Résolvant. - Résolu. - Je résous. - Je résolus.

RIRE. = Rire. - Riant. - Ri. - Je ris. - Je ris.

ROMPRE. = Rompre. - Rompant. - Rompu. - Je romps. - Je rompis.

SUFFIRE. = Suffire. - Suffisant. - Suffi. - Je suffis. - Je suffis.

SUIVRE. = Suivre. - Suivant. - Suivi. - Je suis. - Je suivis.

TAIRE. - Taire. - Taisant. - Tu. - Je tais. - Je tus.

TRAIRE. = Traire. - Trayant. - Trait. - Je trais. - Point de passé défini.

VAINCRE. = Vaincre. - Vainquant. - Vaincu. - Je vaincs. - Je vainquis.

Présent de l'indicatif : *je vaincs, tu vaincs, il vainc, nous vainquons, etc.*

VIVRE. = Vivre. - Vivant. - Vécu. - Je vis. - Je vécus.

OBSERVATION. — Conjuguez comme le verbe irrégulier *peindre,* tous les verbes en EINDRE, AINDRE, et OINDRE.

— Remarquez que parmi les verbes irréguliers ou défectifs, il en est qui ont une origine commune, tels que *acquérir, requérir, conquérir, reconquérir, enquérir.* Il en est aussi qui servent à en composer d'autres tels que *tenir* d'où l'on a fait *retenir, soutenir, détenir, maintenir, obtenir, appartenir, s'abstenir.* — Conjuguez *requérir, enquérir* etc., comme *acquérir ;* conjuguez *retenir, soutenir, etc.,* comme *tenir.*

SUPPLÉMENT

OU

RÈGLES DÉTACHÉES SUR L'EMPLOI DE CERTAINS MOTS.

I.

NOMS.

NOMS COMPOSÉS. — On appelle NOMS COMPOSÉS certains termes formés de la réunion de plusieurs mots, tels que **un** *garde-bois,* un *cerf-volant,* un *ver-à-soie,* un *casse-noisettes,* une *arrière-garde,* un *pour-boire,* un *te-deum.* Remarquez que ces mots sont toujours liés entre eux par le trait d'union.

Chacun des mots qui forment un nom composé prend ou rejette la marque convenue pour le pluriel des noms, selon la nature ou selon le sens des mots.

Ainsi tout mot concourant à former un nom composé reste invariable, s'il n'est ni nom, ni adjectif ; quant aux noms et aux adjectifs, ils varient selon le sens du mot, et suivant les règles de la grammaire.

C'est donc en décomposant l'expression qu'on déterminera la formation du pluriel dans un nom composé. Ainsi écrivez :

Un *chien-loup,* des *chiens-loups,* un *chou-fleur,* des *choux-*

fleurs. —Ici le nom est composé de deux substantifs, par conséquen[t] de deux mots susceptibles de prendre la marque du pluriel.

Un *cerf-volant*, des *cerfs-volants;* une *plate-bande*, des *plate[-] bandes.* — Les mots qui composent ces noms sont des substantifs [et] des adjectifs, ils prendront donc la marque du pluriel.

Un *ver-à-soie*, des *vers-à-soie;* un *arc-en-ciel*, des *arcs[-] en-ciel.* — Le sens du nom ne permet pas de varier les mots *soie en ciel.*

Un *garde-fou*, des *garde-fous;* une *arrière-pensée*, des *arrière[-] pensées.* — Ici le verbe *garde* et la préposition *arrière* ne peuven[t] pas prendre l'*s* affecté seulement à la formation du pluriel dans le[s] noms et dans les adjectifs.

Un *passe-partout*, des *passe-partout;* un *pour-boire*, des *pour[-] boire.* — Point de nom ni d'adjectif dans ces mots; par conséquen[t] point d'*s.*

Des *porte-crayon* (instruments pour porter *un* crayon); de[s] *après-midi* (les moments de la journée *après midi*). — Le sens exclu[t] la marque du pluriel pour les noms *crayon* et *midi.*

Un *couvre-pieds*, des *couvre-pieds;* un *chasse-mouches*, d[es] *chasse-mouches.* — Ici le sens veut que les noms *pieds* et *mouche[s]* soient toujours écrits au pluriel, puisqu'il s'agit d'une couvertur[e] pour *les pieds*, et d'un instrument pour chasser *les mouches.*

Un *vice-roi*, des *vice-rois;* un *archi-prêtre*, des *archi-prêtre[s].* — Les mots *vice*, *archi* étant tirés d'une langue étrangère ne peu[-] vent pas, d'après les règles de l'orthographe, prendre la marqu[e] ordinaire du pluriel.

— Par ces exemples, on voit que le raisonnement et les règle[s] ordinaires de la grammaire, doivent concourir à déterminer les ca[s] dans lesquels les mots qui forment un nom composé sont variables ou restent invariables.

NOMS TIRÉS D'UNE LANGUE ÉTRANGÈRE. — Ne donnez pas l[a] marque du pluriel aux noms empruntés de langues étran[-] gères, à moins qu'un usage fréquent ne les ait naturalis[é] dans notre langue.

L'Académie écrit avec un *s:* des *factums*, des *pensums*, d[es] *récépissés*, des *numéros*, des *duos*, des *trios*, des *solos*, des *opéra[s]* des *imbroglios*, des *bravos.* Ecrivez sans *s* au pluriel tous les autr[es] noms de cette espèce: des *pater*, des *ave*, des *déficit*, des *infolio* des *alinea*, des *concerto*, etc., etc.

NOMS PROPRES. — Le nom *propre*, n'étant qu'un nom d[e] famille, un nom qui distingue certaine personne des autr[es] personnes, certaine chose des autres choses, ne peut êt[re] susceptible de la forme du pluriel. Ecrivez donc: *les deu[x]* Humbert *ont été punis, les deux* Michel *ont été récompens[és].*

Cependant si le nom propre ne sert plus à désigner u[n]

individu, mais une classe d'individus, alors il prend la
marque du pluriel. Ainsi écrivez :

Les *Napoléons* sont rares dans les annales des nations ; l'histoire
de l'humanité compte peu de *Fénélons* et de *Vincents de Paule.*
— Chacun des noms *Napoléon, Fénélon, Vincent de Paule* devient
ici le nom d'une classe d'individus, et indique des conquérants ou
des bienfaiteurs de l'humanité.

NOMS SERVANT A DÉSIGNER LES DEUX SEXES. — L'usage a
admis quelques noms à servir sans variation de genre, pour
désigner les deux sexes ; tels sont : *auteur, docteur, général,
géomètre, graveur, sculpteur, médecin, orateur, philosophe,
poète, soldat, témoin, traducteur.* Ainsi dites :

Une femme *auteur.* — Des femmes *docteurs.* — Marguerite
d'Anjou fut active et intrépide, *général* et *soldat.* — Mademoiselle
de Schurmann, née à Cologne en 1606, était *peintre,* musicienne,
graveur, sculpteur, philosophe, géomètre, théologienne même.

NOMS A DEUX GENRES. — *Amour, délice, orgue,* sont masculins au singuler, et féminins au pluriel : *l'amour maternel ;
mes chères amours.* — *C'est mon délice ; voilà, toutes mes
délices.* — *Cet orgue est excellent ; ces orgues sont excellentes.*
Un aigle, oiseau ; *une aigle,* étendard,
Couple est féminin quand il marque seulement le nombre
deux : *une couple d'œufs, une couple de livres ;* et masculin
quand il signifie l'union du mâle et de la femelle : *un couple
de tourterelles.*
En parlant du feu du ciel, dites : *la foudre ;* en parlant
d'un grand général : *un foudre de guerre ;* d'un grand orateur : *un foudre d'éloquence.*
Hymne est féminin, quand il se dit des hymnes de l'Eglise :
les anciennes hymnes de l'Eglise ; mais dites : *les hymnes
guerriers, les hymnes nationaux.*
Orge est féminin, excepté dans ces cas : *de l'orge perlé,
de l'orge mondé.*
Pâque, en parlant de la fête des juifs est féminin ; mais
s'il s'agit de la fête de l'église chrétienne, dites : *à Pâques
prochain ; quand Pâques sera venu.* On dit pourtant : *faire
de bonnes pâques.*

NOMS COLLECTIFS. — Parmi les noms communs, on doit
distinguer les noms COLLECTIFS, ainsi appelés parce que,
quoiqu'au singulier, ils désignent une *collection* de personnes

ou de choses. Les collectifs sont de deux sortes: le collectif GÉNÉRAL et le collectif PARTITIF.

Le collectif général marque la généralité, la totalité des personnes ou des choses dont on parle, comme l'*armée*, le *peuple*, la *foule*, la *forét*.

Le collectif partitif marque une partie des personnes ou des choses dont on parle, et il exprime souvent une quantité vague et indéterminée : *une foule de soldats, une bande de voleurs, une infinité d'enfants, quantité de gens, la plupart des écoliers.*

— Tout verbe qui a pour sujet un collectif, s'accorde avec ce collectif, s'il est général, et jamais avec le nom qui suit; *l'armée des ennemis fut détruite.*

Mais si le collectif est partitif, le verbe s'accorde avec le nom qui suit le partitif: *un grand nombre d'ennemis furent pris.*

On comprendra la raison de cette règle, en remarquant que dans le premier cas, le collectif général exprime une idée totale et principale, qui doit dès-lors frapper plus particulièrement sur le verbe, tandis que dans le second cas, l'idée principale est exprimée par le nom qui suit le partitif.

DEUX NOMS UNIS PAR *de*. — Quand deux noms sont unis par *de*, dans quels cas le second nom doit-il être au singulier ou au pluriel?

Si le second nom est employé dans un sens général, indéterminé, il se met au singulier ; s'il est employé dans un sens particulier, déterminé, il se met au pluriel. Ecrivez donc :

Des colères d'*enfant*. — Une école d'*enfants*.
Des bâteaux chargés de *poisson*. — Un bâteau chargé de *carpes*.
Des marchands de *vin*. — Un marchand de *vins* étrangers.

Quelquefois aussi, il est question d'objets extraits ou d'une certaine espèce de choses, ou d'une certaine espèce d'êtres, comme *de l'huile d'olive, des peaux de cheval;* cette *extraction* d'une espèce en général donne un sens indéterminé au second mot qui dès-lors ne prend pas la marque du pluriel.

Ou bien, il s'agit de la *réunion* de plusieurs individus de certaine espèce, comme *un baril d'olives, un troupeau de moutons;* dans ce cas, le second mot désignant plusieurs individus réunis et non pas une espèce en général, il a un sens déterminé, et il prend la marque du pluriel.

Par ces raisons, écrivez :

Du sirop de *violette*, un bouquet de *violettes*; — des morceaux de *brique*, une muraille de *briques*; — des pièces de *terre*, un propriétaire de *terres*.

— De ces règles et de ces exemples, concluez qu'il faut avant tout examiner dans quel sens est employé le mot qui suit *de*, et s'il exprime une idée ou d'*extraction*, ou de *réunion*.

— C'est encore en étudiant bien le sens qu'on verra si l'on doit mettre au singulier ou au pluriel le nom précédé de *à*, *sur*, *en*, *sans*, *etc.*, comme dans les exemples suivants :

Une terre à blé, une terre à légumes. — Être sur pied, sauter à pieds joints. — L'épée en main, la faux en mains. — Je suis sans pain et sans souliers. — Il marcha de crime en crime; sa vie fut célèbre en forfaits.

II.

ARTICLE.

Répétition de l'article. — L'article doit se répéter devant chaque nom : il est donc incorrect de dire : *les père et mère de cet enfant ; les livres et cahiers de cet écolier ;* mais dites : *le père et la mère de cet enfant ; les livres et les cahiers de cet écolier.*

Cette règle s'applique à tous les mots qui tiennent lieu de l'article ; ne dites donc pas : *vos père et mère, ses livres et cahiers ;* mais : *votre père et votre mère, ses livres et ses cahiers.*

— Quand des adjectifs unis par *et* qualifient un seul et même nom, l'article ne doit pas se répéter ; ainsi dites : *le sage et studieux écolier*, et non pas : *le sage et le studieux écolier.*

Cependant il peut arriver qu'avec les adjectifs unis par *et*, il n'y ait qu'un seul nom exprimé, mais qu'il y en ait un autre sous-entendu ; il faut alors répéter l'article devant l'adjectif. Par exemple, dans cette phrase :

Les poètes anciens et modernes, c'est comme s'il y avait : les poètes anciens et les poètes modernes ; dites donc : *les poètes anciens et les modernes.*

Dites : *le premier et le second étage, les jeunes et les vieux soldats ;* et non pas : *les premier et second étages, les jeunes et vieux soldats ;* car il s'agit évidemment ici de deux étages, de deux classes de soldats.

Suppression de l'article. — Au lieu des articles *du*, *de la*, *des*, on emploie seulement la préposition *de* devant un adjectif, quand le nom qui suit cet adjectif est pris dans un sens partitif ou indéterminé. Ainsi dites :

Voilà *de* bon papier; — j'ai bu *de* bonne liqueur; — j'ai parcouru *de* belles forêts; *et non pas:* du bon papier, de la bonne liqueur, des belles forêts; car ces noms sont ici dans un sens partitif, puisqu'ils expriment une partie indéterminée de papier, de liqueur, de forêts. — *Mais vous direz:* donnez-moi une feuille *du* bon papier que voilà; — que coûterait une bouteille *de la* bonne liqueur que vous avez bue; — parlez-nous *des* belles forêts que vous avez parcourues. — Ici, ces noms sont pris dans un sens déterminé.

Employez aussi *de* au lieu de *du, de la, des,* après un adverbe de quantité: *cet homme a beaucoup* de *courage, peu de politesse, assez* de *vertus.*

Le plus, le mieux, le moins. — Si ces mots ne sont suivis ni d'un adjectif, ni d'un participe, *le* reste invariable: *voilà la plus aimable des femmes, celle qui parle le plus agréablement.*

Cependant *le* est quelquefois invariable dans *le plus, le mieux, le moins,* suivis d'un adjectif ou d'un participe; cela arrive quand *le plus,* ou *le mieux,* peut se tourner par *excessivement,* et lorsqu'on peut substituer à *le moins,* les mots *très-peu.* Exemples:

Nous n'avons pas désespéré de ma mère, même quand elle était *le* plus malade. Pierre s'est noyé dans l'endroit où les eaux sont *le* moins rapides. — On peut tourner et dire: *excessivement malade, très-peu rapides.*

III.

ADJECTIFS.

Nu, demi, feu. — Par exception à la règle sur l'accord des adjectifs, écrivez:

Il resta nu-*tête, il allait* nu-*pieds; il parla une* demi-*heure.* Les adjectifs *nu, demi* sont invariables, mais seulement devant le nom; ainsi écrivez: *il resta tête* nue, *il allait pieds* nus; *il parla une heure et* demie, *deux heures et* demie.

Feu *la reine,* feu *votre sœur;* — mais *feu* est variable s'il n'est pas séparé du nom; écrivez donc: *la feue reine, votre feue sœur.*

On dit: *les bonnes gens, les vieilles gens;* mais on dit: *tous ces gens-là; il y a certaines gens qui sont* dangereux.

Tout. — *Tout* placé devant un nom, ou se rapportant à un pronom, est adjectif, variable en genre et en nombre: *toute la terre; tous les animaux; je les ai tous vus; elles vinrent toutes.*

Tout peut signifier *entièrement, complètement, quoique, quelque;* dans ce cas, il est adverbe, et par conséquent invariable : *elle est tout à vous ; ils furent tout étonnés ; elles sont tout en Dieu ; des enfants tout pleins d'esprit ; tout sages qu'ils sont ; tout ingrate qu'elle est.*

— Cependant remarquez que *tout* pris ainsi adverbialement, cesse d'être invariable devant un adjectif féminin commençant par une consonne ou par un *h* aspiré : *elle est toute malade ; — des femmes toutes pénétrées de douleur ; elle en fut toute honteuse.*

QUELQUE. — *Quelque* servant à exprimer une idée de nombre, prend l's final au pluriel : *il y a quelques années.* Exprimant une idée d'étendue, il est invariable : *cela me fait quelque peine.*

QUELQUE.... QUE ; QUEL QUE. — *Quelque* joint à un nom suivi de *que*, peut se traduire par *certain* qui est un adjectif ; alors il est considéré comme un adjectif, s'accordant en nombre seulement avec ce nom : *quelques erreurs qu'il commette ;* tournez : *certaines erreurs qu'il commette.*

Suivi d'un adjectif seul, ou d'un participe, ou d'un adverbe, il peut se traduire par *tout* qui est un adverbe ; dans ce cas *quelque* est considéré comme un adverbe, et il reste invariable : *quelque sage qu'elle soit ; quelque corrompus qu'il puissent être ; quelque prudemment que nous nous conduisions ;* tournez : *tout sage qu'elle soit ; tout corrompus qu'ils puissent être ; tout prudemment que nous nous conduisions.*

Quel que suivi d'un verbe, comme dans cette phrase : *quelle que soit votre intention*, peut se construire ainsi qu'il suit : *que votre intention soit quelle.* Dans ce cas, *quelle* est attribut, par conséquent adjectif, variable, et s'accordant en genre et en nombre avec le sujet ; alors écrivez-le en deux mots : *quelles que soient vos richesses ; quels que soient vos projets.*

MÊME. — *Même* employé comme adjectif est variable. Il est adjectif quand il est accompagné de l'article, ou s'il précède un nom, ou s'il est placé après un pronom, ou après un seul nom : *ces enfants sont toujours les mêmes ; les mêmes raisons ; ses parents eux-mêmes ; ses habits mêmes.*

Même placé après deux ou plusieurs noms, ou modifiant le sens d'un verbe, devient un adverbe ayant la signification de *aussi, encore, de plus* ; alors il ne varie pas : *les hommes, les femmes, les enfants même accoururent ; — il a tout donné, même ses habits.*

NUL, AUCUN. — Ces deux adjectifs, signifiant *pas un*, ne peuvent être employés au pluriel, à moins que le nom auquel ils se rapportent n'ait pas de singulier ; ne dites donc pas : *nuls hommes, aucuns animaux ;* mais vous pourrez dire : *aucunes pincettes, nuls dépens.*

ADJECTIFS DE NOMBRE. — Les adjectifs de NOMBRE déterminent ou la *quantité,* ou l'*ordre* des personnes et des choses.

On nomme adjectifs de nombre CARDINAUX, ceux qui servent à déterminer la quantité, comme : *un, deux, trois quatre, dix, vingt, vingt et un, vingt-deux, trente,* etc., et adjectifs de nombre ORDINAUX ceux qui déterminent l'ordre ; tels sont : *premier, second, troisième, dixième, vingtième, vingt et unième, vingt-troisième,* etc.

Les adjectifs de nombre *ordinaux* subissent les variations ordinaires de l'adjectif ; mais les adjectifs de nombre *cardinaux* sont invariables, sauf les exceptions suivantes :

Un fait *une* au féminin.

Vingt, cent, précédés d'un autre nombre qui les multiplie, et immédiatement suivis d'un nom, prennent un *s.* Exemples : *vingt* hommes, *quatre-vingts* hommes ; *quatre-vingt-un* hommes, *cent quatre-vingts* hommes, *cent quatre-vingt-un* hommes.

Cent enfants, *deux cents* enfants, *douze cents* enfants, *douze cent cinquante* enfants.

Il en est de même quand on sous-entend le nom après *vingt* et *cent* ; écrivez donc : nous partîmes *cinq cents* (sous-entendu personne) ; — ce pays est large de *deux cent vingt* lieues, et long de *trois cents* (sous-entendu lieues).

IV.

PRONOMS.

LE, LA, LES. — Le pronom *le, la, les* peut tenir la place soit d'un nom, soit d'un adjectif, soit d'un verbe.

S'il tient la place d'un nom, il signifie *lui, eux, elle, elles ;* alors il prend le genre et le nombre du nom : *dès que ma sœur sera arrivée, j'irai* la *voir ;* — *il avait* mille francs, *il* les *a dépensés ;* — *êtes-vous Julie? oui, je la suis ;* — *êtes-vous les sœurs de Julie? oui, nous* les *sommes.*

S'il tient la place d'un adjectif ou d'un verbe, alors il signifie *cela* et il est invariable : *cette femme est* belle, *et elle* le *sera long-temps ;* — Qu'elle se repose, *je* le *veux.*

Remarquez qu'un substantif peut être pris adjectivement ; dans ce cas, le pronom *le* qui le remplace est invariable : *si j'étais* mère, *je* le *serais* (je serais cela) *avec toute la tendresse imaginable ;* — *êtes-vous* maîtresse *du logis? oui, je* le *suis* (oui, je suis cela) ; —

êtes-vous héritiers *du défunt?* oui, *nous* le *sommes* (oui, nous sommes cela).

Leur. — Ce mot employé comme pronom personnel, signifiant *à eux, elles,* et accompagnant un verbe, est invariable : *cet homme gâte ses enfants en ne* leur *refusant rien ; ces fleurs souffrent, il* leur *faut de l'eau.*

Mais *leur* employé comme adjectif déterminatif, ou comme pronom possessif, s'accorde en nombre avec le nom auquel il se rapporte : *voici* leur *maison, voilà* leurs *maisons ; voici vos livres, voilà les* leurs.

Vous. — Le pronom *vous* est singulier, quand on n'adresse la parole qu'à une seule personne ; écrivez-donc : *Paul soyez sage et vous serez aimé ;* et non pas : *sages, aimés.*

Qui, lequel. — Après une préposition, le pronom *qui* ne s'emploie ordinairement qu'en parlant des personnes, tandis que *lequel, laquelle* se dit en parlant des personnes et des choses. Ainsi dites : *le prince à qui je me suis adressé ; l'étude à laquelle je m'applique ; le prince à la protection duquel j'ai recours.*

Dont. — *Dont* pronom relatif invariable, se dit pour *duquel, de laquelle, desquels, desquelles, de quoi,* et il s'emploie lorsqu'on parle des personnes ou des choses : *la parente* dont *j'ai hérité ; les sciences* dont *je m'occupe ; il n'est rien* dont *je sois plus certain.*

Si le pronom *dont* devait être précédé d'une préposition, servez-vous de *duquel, de laquelle.* Ainsi dites : *les hommes* à *la faveur desquels on aspire ; — les fleurs sur le calice desquelles repose l'abeille,* et non pas : *les hommes à la faveur* dont.... *— les fleurs sur le calice* dont....

— S'il s'agit d'origine, de race, employez *dont : respectez les aïeux* dont *vous descendez ;* mais s'il s'agit de sortie, d'extraction, employez *d'où : la maison* d'où *je sors ; — le péril* d'où *l'on m'a tiré.*

Ce, c'est. — Dans la locution *c'est, c'était, ce fut,* etc., le verbe *être* reste au singulier, excepté quand le pronom *ce* représente un sujet de la troisième personne du pluriel. Exemples :

C'est nous qui chantons ; *c'est* vous qui chantez ; ce *sont* vos enfants qui chantent ; *c'étaient* eux qui chantaient ; ce *furent* eux qui chantèrent ; *était*-ce nous ? *étaient*-ce eux ?

Mais cette locution reste invariable, même unie à un

pluriel de troisième personne, quand ce pluriel est précédé d'une préposition : c'est *à eux qu'il faut imputer cette faute.*

Observez dans l'exemple précédent qu'après ces mots *c'est à eux,* la conjonction *que* est employée, au lieu de dire *à qui,* ainsi que cela arrive trop souvent. La conjonction *que* doit toujours être employée après un nom ou un pronom, uni par une préposition à la locution *c'est, c'était,* etc. Ne dites donc pas : *c'est à vous à qui je parle;* — *c'est en Dieu en qui repose notre espérance;* mais; *c'est à vous que.... c'est en Dieu que....*

Ne dites pas non plus : *c'est ici où je demeure;* — *c'est là où il couche;* — *c'est de là d'où il voit tout;* mais : *c'est ici que.... c'est là que.... c'est de là que....*

On. — Quoique le pronom *on* soit ordinairement suivi d'un masculin singulier, comme dans cette phrase : *on n'est pas toujours heureux,* il y a des circonstances où il peut être suivi d'un féminin ou d'un pluriel : *on n'est pas toujours fraîche et jolie;* — *ici l'on est égaux* (inscription sur la porte d'un cimetière).

En, y. — Dans les verbes de la première conjugaison dont la seconde personne singulière de l'impératif est toujours terminée par un *e* muet, on ajoute un *s* après cet *e,* quand le pronom *en,* ou le pronom *y* doit suivre : *apportes-y tous tes soins;* — *donnes-en.*

Quoiqu'on dise : *vous m'y attendrez, je veux t'y mener,* cependant, après un impératif n'employez pas *m'y, t'y,* et ne dites pas : *vous allez à la promenade, menez-m'y;* — *tu vas à l'église, conduis-t'y bien.* Ces façons de parler sont bizarres; le mieux est de les éviter.

Répétition du pronom. — Un pronom personnel peut, ainsi que le nom, servir à la fois de sujet à deux ou plusieurs verbes, comme dans les phrases : *Cet enfant étudie et récite bien ses leçons;* — *il lit et écrit passablement;* mais remarquez que le pronom servant de sujet, doit se répéter lorsque d'une négation on passe à une affirmation; il ne faut donc pas dire : *vous n'étudiez pas et jouez beaucoup;* mais : *et vous jouez beaucoup.*

En commençant par l'affirmation, on peut ne pas répéter le pronom : *vous jouez beaucoup et n'étudiez pas.*

Quant aux pronoms personnels employés comme compléments, ils doivent se répéter avant chacun des verbes dont ils sont les compléments. Exemples : *je veux le voir, le prier, le fléchir;* — *il vous aime et vous estime,* et non pas : *je veux le voir, prier, fléchir;* — *il vous aime et estime.*

DE L'EMPLOI ET DE LA PLACE DU PRONOM. — L'emploi mal combiné des pronoms peut donner lieu à des équivoques qu'il est bon de prévoir.

Par exemple : *Jacques a demandé à Paul d'ouvrir sa porte.* La porte de Jacques ou celle de Paul? dites donc : *la porte de Jacques était fermée, il a prié Paul de l'ouvrir.*

Autre exemple : *Je vous envoie un chien par ma servante, qui a les oreilles coupées;* dites : *Je vous envoie, par ma servante, un chien qui a les oreilles coupées.*

V.

VERBE.

DE L'INDICATIF ET DU SUBJONCTIF.

DE L'EMPLOI DU MODE. — Quand deux phrases sont liées ensemble par la conjonction *que*, la seconde est subordonnée à la première, et le verbe de la phrase subordonnée prend l'indicatif ou le subjonctif selon le sens exprimé par le verbe de la phrase principale.

Ainsi, en règle générale, mettez au mode indicatif le verbe de la phrase subordonnée, quand la phrase principale énonce l'affirmation d'une manière directe, positive. Exemples: *je parie que cela est; j'affirme que cela n'est pas; je pense qu'il viendra; je crois qu'il ne sait pas écrire.*

Mais mettez le second verbe au mode subjonctif, quand la phrase principale est négative. Exemples : *je ne parie pas que cela soit; je ne pense pas qu'il vienne; je ne crois pas qu'il sache écrire.*

Employez également le mode subjonctif quand le verbe de la phrase principale exprime l'étonnement, le désir, la volonté, l'incertitude, l'empêchement, la crainte, l'interrogation. Exemples : *je m'étonne que tu dises cela; je désire que tu viennes chez moi; je veux, je doute, je défends que vous chantiez; je crains que tu ne mentes; croyez-vous qu'il sache écrire?*

— Les principes ci-dessus posés sont applicables aux cas où la phrase subordonnée, au lieu d'être liée à la phrase principale par la conjonction *que*, le serait par un des pronoms relatifs, *qui, que, dont, où,* etc. En conséquence, vous direz : *je ne veux pas d'une maison qui soit trop grande; épousez une femme que vous puissiez estimer; il prendra un domestique dont il soit sûr; nous choisirons une retraite où nous vivions tranquilles.*

Il est dans le sens de ces phrases de n'indiquer qu'une incertitude, un désir, une possibilité; mais s'il y avait certitude ou affirmation, vous diriez: *j'ai acheté une maison qui est trop grande; il a épousé une femme qu'il* peut *estimer; il prendra un domestique dont il est sûr; nous choisirons une retraite où nous* vivrons *tranquilles.*

DE L'EMPLOI DES TEMPS DU SUBJONCTIF. — En cas d'emploi du mode subjonctif, il s'agit de déterminer quel temps du mode il faut prendre.

Si le verbe de la phrase principale est au présent ou au futur, on met au présent du subjonctif le verbe de la phrase subordonnée, pour exprimer un présent ou un futur, et au passé du subjonctif, pour exprimer un passé : *je veux que vous lisiez maintenant et demain; je doute que vous ayez lu hier.*

Mais si le premier verbe est à l'un des temps passés ou à l'un des conditionnels, alors on met le second à l'imparfait du subjonctif, pour exprimer un présent ou un futur, et au plus-que-parfait, pour exprimer un passé :

Je désirais
J'ai désiré } *que vous lussiez* aujourd'hui ou demain.
Je désirerais

Je désirais
J'ai désiré } *que vous eussiez lu* hier.
Je désirerais

EXCEPTIONS. — 1° Quoique le premier verbe soit au présent ou au futur, on peut mettre le second à l'imparfait ou au plus-que-parfait du subjonctif, quand il y a dans la phrase subordonnée une expression conditionnelle : *je doute qu'il eût lu, si je ne l'en avais prié.*

2° Au lieu de l'imparfait du subjonctif, on se sert du présent du subjonctif, lorsque le verbe de la phrase subordonnée exprime une action qui peut se faire dans tous les temps : *Dieu nous a créés pour que nous l'aimions et que nous le servions.*

OBSERVATION. — L'emploi du mode subjonctif produit souvent des consonnances très-choquantes qu'il faut éviter, en prenant un autre tour de phrase; ainsi, au lieu de dire : *il a fallu que je le ramassasse et que je l'embrassasse;* dites : *il m'a fallu le ramasser et l'embrasser.*

VI.

PARTICIPES.

Les exemples suivants donneront la solution de quelques-unes des difficultés qui se présentent dans l'application des règles sur le participe passé; en examinant bien la nature et la place du complément dans ces exemples, en recourant à la question *qui? quoi? qui est-ce que? qu'est-ce que?* on verra quelle influence ce complément a exercée sur l'accord :

Dieu *nous* a *créés* faibles.

Je ne peux te dire *quelle peine* tout cela m'a *faite*.

Autant de *lois* il a *rendues*, autant de *sources* de bonheur il a *ouvertes*.

L'abus des boissons *les* a *rendues* dangereuses.

Votre victoire a été plus grande que vous ne *le* croyez, plus grande que vous ne *l'*avez *cru* (*le* pour *cela*).

Elle a regagné par une course rapide le peu de *moments qu'*elle a *perdus*.

Le peu de confiance *que* vous m'avez *témoigné* m'a ôté le courage.

Je connais la *femme que* j'ai *entendue* chanter (qui est-ce que j'ai entendu? la femme).

Je savais la *chanson que* j'ai entendu *chanter* (qu'est-ce que j'ai entendu? chanter).

J'attendais plusieurs lettres; j'en ai *reçu deux*.

La *vengeance que* vous en avez *tirée*.

Je connais cette femme pour *l'*avoir vu *peindre* (lorsqu'on était à la peindre).

Je connais cette femme pour *l'*avoir *vue* peindre (lorsqu'elle était occupée à peindre).

On *l'a écoutée* parler, tant qu'elle a voulu (on a écouté elle parlant.)

Il a pris toutes les précautions *qu'*il a voulu prendre.

Il a pris toutes les précautions qu'il a voulu (sous-entendu *prendre*).

La maison que j'ai fait *bâtir* (j'ai fait, quoi? bâtir; bâtir, quoi? la maison).

Votre sœur que vous avez *laissée* tomber (laissée, qui? votre sœur).

Les peines que j'ai *prévu* que cette affaire vous *donnerait* (j'ai prévu, quoi? que cette affaire vous donnerait des peines).

*Les soldats qu'*on a *contraints* de marcher (contraint, qui? les soldats).

Les mesures que vous m'avez conseillé de *prendre* (conseillé, quoi? de prendre; de prendre, quoi? les mesures).

Les chaleurs qu'il a *fait* cette année. — La disette qu'il y a *eu* pendant l'hiver. (Les verbes unipersonnels n'ont jamais de complément direct; le participe reste donc ici invariable.)

VII.

ADVERBES.

Dessus, dessous, dedans, dehors. — En règle générale, l'adverbe ne peut avoir de complément, c'est-à-dire qu'ordinairement il offre à l'esprit un sens complet sans le secours d'autres mots. Cela posé, on comprendra ce qu'il y a de vicieux à employer, avec un complément, les adverbes suivants et à dire: *dessus la table, dessous le lit, dedans la village*, *dehors de l'auberge*. Vous devez dire : *J'avais mis mon chapeau sur la table, je l'ai trouvé dessous ; — ne cherchez pas sous le lit ; votre canne est dessus ; — je le croyais hors de la maison, il était dedans ; — tout étant plein dans l'auberge, il est resté dehors.*

Cependant quand ces adverbes sont précédés d'une préposition, on peut dire : au-dessus *du lit* ; par-dessous *la table* ; en dedans *de la maison* ; par dehors *la ville*.

ALENTOUR, AUPARAVANT, DAVANTAGE. — Ce sont là des adverbes qui rejettent aussi tout complément. Ainsi ne dites pas : alentour *du jardin*, auparavant *lui*, auparavant *que de parler*, *cette maison contient* davantage *de logement que celle-là*, mais dites : autour *du jardin*, avant *lui*, avant *que de parler*, *cette maison contient* plus *de logement que celle-là*.

— Comme adverbes, ces mots s'emploient ainsi qu'il suit : *rôder* alentour ; *il fut averti long-temps* auparavant ; *cette maison me plaît* davantage.

— C'est encore une faute d'employer *davantage* au lieu de *le plus* ; dites donc : *c'est l'homme à qui je me fie* le plus, et non pas : *à qui je me fie* davantage.

AUTANT, AUSSI. — *Autant* se joint aux verbes ; *aussi* se joint aux participes et aux adverbes : *il joue* autant *qu'il travaille ; il est* aussi *aimé qu'estimé ; il parle* aussi *correctement qu'il écrit.*

ADVERBES DE QUANTITÉ. — Les adverbes de quantité, tels que *peu, beaucoup, assez, moins, plus, trop, combien, etc.*, suivis de la préposition *de*, et d'un nom, sont soumis, quant à l'accord du verbe, aux règles établies pour les collectifs partitifs ; vous direz donc : peu *de monde en est revenu* ; peu *de gens en sont revenus ; —* assez *de mal nous attend ;* assez *de maux nous attendent ;* c'est-à-dire que le verbe se met au pluriel, si le nom qui suit l'adverbe est au pluriel.

PAS, POINT. — On supprime *pas* ou *point*, et on se sert de la négation *ne* seule, dans toute phrase où se trouvent les expressions *nul, rien, aucun, personne, ni, nullement, jamais, guère, que* signifiant *seulement*, en un mot, quand il y a dans la phrase une expression dont le sens est négatif. Exemples :

Je ne mange guère. — Il ne soupe jamais. — Nous ne voyons personne. — Je ne dois rien. — Je n'ai nul souci. — Elle n'a ni esprit, ni beauté. — Elle ne fait que rire.

Si dans l'un de ces cas, la phrase était suivie d'une autre phrase négative, amenée par les relatifs *qui* ou *dont*, ou par la conjonction *que*, on y supprime aussi *pas* ou *point: je ne vois personne qui ne vous loue*, pour *qui ne vous loue* pas.

On supprime *pas* ou *point*, après *savoir* pris dans le sens de *pouvoir*, ou indiquant une incertitude: *je ne saurais en venir à bout; je ne sais que devenir.* — On le supprime encore après *il y a* suivi d'un mot qui indique une certaine quantité de temps, ou après *depuis que*, si le verbe est un passé: *depuis que je ne l'ai vu; il y a six mois que je ne l'ai vu.* Mais dites: *il y a six mois que nous ne nous voyons pas.*

NE. — Certaines locutions admettent ou exigent l'emploi du mot *ne* pris seul. Les cas les plus fréquents où cet emploi ait lieu sont les suivants:

Dans une phrase liée par la conjonction *que*, aux verbes *douter, nier* pris négativement: *je ne doute pas, je ne nie pas que vous ne disiez la vérité.*

Après *prendre garde* signifiant *éviter: prenez garde qu'on ne vous trompe.* Mais si *prendre garde* signifie *remarquer*, dites: *prenez garde que cette chaise est mauvaise.*

Après le mot *que* signifiant *pourquoi*, mis au commencement d'une phrase: *que n'êtes-vous arrivé plus tôt!*

Après les conjonctions *à moins que*, et *si* pris dans le sens de *à moins que: je le chasse à moins qu'il ne se conduise mieux; vous ne réussirez pas si Dieu ne vous aide.*

Après les verbes *craindre*, et ses équivalents *trembler, appréhender, avoir peur*, et encore après *de peur que, de crainte que*, s'il s'agit d'un effet qu'on ne désire pas; ainsi si vous ne désirez pas l'arrivée de Paul, dites: *je crains que Paul ne vienne;* mais si vous la désirez, dites: *je crains que Paul ne vienne pas;* et si vous ne craignez pas cette arrivée, dites: *je ne crains pas qu'il vienne.*

— Toute phrase contenant une comparaison se compose de deux termes; et de la comparaison il résulte qu'il y a ou égalité, ou inégalité entre les deux termes.

Dans le cas d'inégalité, si le premier terme est positif le second est négatif, et il se forme avec *ne.* Exemple: *il joue plus qu'il ne travaille.*

Mais si le premier terme est négatif, le second est positif et dès-lors il ne prend pas le *ne.* Exemple: *il ne joue pas plus qu'il travaille.*

VIII.

PRÉPOSITIONS.

Au travers, a travers. — *Au travers* est toujours suivi de la préposition *de*, et il désigne un passage dans des obstacles : *il a passé* au travers *de la haie*. — *A travers* ne prend pas le *de* et il désigne un passage libre : *il est venu* à travers *les champs*.

Vis-a-vis. — *Vis-à-vis* prend le *de*, et il s'emploie pour signifier *en face* en parlant d'un lieu : vis-à-vis *de mes fenêtres*. Ne l'employez pas pour *envers*, *avec*, *à l'égard de*, et ne dites pas : *il est ingrat* vis-à-vis *de moi*.

Avant, devant. — *Avant*, *devant*, marquent tous deux l'ordre ; mais *avant* est pour l'ordre du temps, *devant* est pour l'ordre des places : *arrivé* avant *l'heure*, *il eut une place* devant *la nôtre*.

Dans, en. — Comme préposition de temps, *dans* indique l'époque où une chose aura lieu ; *en* marque la durée : *il se mettra en route* dans *deux heures*, *et il fera le chemin* en *une heure*.

Durant, pendant. — *Durant* exprime une idée continue ; *pendant* ne marque qu'un moment, qu'une époque : *il fut dissipé* durant *toute sa vie ; aussi fut-il très-malheureux* pendant *sa vieillesse*.

De. — Employez *de* et non pas *en*, pour désigner la matière dont une chose est faite : *une porte* de *bois*, *un pont* de *pierre*, *une tabatière* d'*or* ; et non pas : *une porte* en *bois*, *un pont* en *pierre*, *une tabatière* en *or*.

Supposé, excepté, passé, vu, témoin. — Ces mots s'emploient comme prépositions ; alors ils se placent devant le nom et ils sont invariables : Supposé *tels événements ;* excepté *la maison ;* passé *cette époque ;* vu *la difficulté ; il fut brave,* témoin *ses blessures*.

Quant. — Ne confondez pas quant préposition, signifiant *à l'égard de*, avec la conjonction quand signifiant *lorsque, à quelle époque*. Dans la préposition, *quant* est toujours suivi de *à*, et il s'écrit avec un *t* : quant *à moi*, quant *à cette affaire*. Quand *il fut venu ;* quand *viendra-t-il ?*

Répétition des prépositions. — Les prépositions *à, de, en,* se répètent avant chacun de leurs compléments. Ex. :

Elle s'occupe à coudre et à broder. — Cette grange est pleine de foin et de paille. — Ce pays est fertile en blé, en fruits et en légumes.

Les autres prépositions ne doivent se répéter que devant les mots qui ont un sens tout-à-fait différent. Exemples :

Dans la paix et dans la guerre. — Il faut prier pour ses amis et pour ses ennemis.

Mais ne répétez pas la préposition s'il n'y a pas divers sens dans la phrase. Exemples :

Soyons prévenants envers la vieillesse et les infirmités. — Il partit malgré la pluie et le vent. — Heureux qui peut vivre loin du monde et du bruit.

Enfin la préposition ne doit pas se répéter lorsque dans une phrase il se trouve deux participes liés par la conjonction *et*, et ayant le même complément. Exemple :

Après l'avoir battu et dépouillé, ils se sauvèrent.

IX.

CONJONCTIONS.

Et, ni. — La conjonction *et* s'emploie pour lier deux phrases ou deux parties d'une phrase, quand il n'y a pas de négation dans la première phrase, ou dans la première partie de la phrase. Exemples :

La bonté et la puissance de Dieu sont infinies. — Jean lira et écrira tantôt. — Paul travaillera et il ne jouera pas.

Mais servez-vous de la conjonction *ni*, si la première phrase ou la première partie de la phrase est négative. Exemples :

Les oiseaux du ciel ne sèment ni ne moissonnent. — Ni l'or ni la grandeur ne nous rendent heureux. — Elle n'est pas belle ni riche, *ou mieux :* elle n'est ni belle ni riche.

DE LA PONCTUATION.

La ponctuation consiste à marquer les pauses que le lecteur doit faire entre des phrases, ou entre les différents membres dont une phrase est composée. Les signes de la ponctuation dans l'écriture, correspondent aux repos de la voix dans le discours ; ces repos, qui varient selon le sens, servent à aider l'intelligence de l'auditeur, à soulager son attention, et ils permettent au lecteur de respirer.

L'exemple suivant fera sentir quel effet la ponctuation peut avoir sur le sens d'une phrase: *Mahomet propageait sa religion, l'alcoran d'une main, et l'épée dans l'autre; il mourut empoisonné.* Suivant cette ponctuation, vous désignez la manière dont Mahomet propageait sa religion. Mais ponctuez autrement: *Mahomet propageait sa religion; l'alcoran d'une main, et l'épée dans l'autre, il mourut empoisonné;* et l'on comprendra que Mahomet mourut, l'alcoran dans une main et l'épée dans l'autre.

Les principaux signes de la ponctuation sont: la *virgule;* le *point-et-virgule;* les *deux points,* et le *point;* on distingue trois sortes de points: le point *simple,* le point *interrogatif,* le point *exclamatif.*

De la virgule. — La *virgule* indique la moindre de toutes les pauses, une pause presqu'insensible. La virgule s'emploie très-fréquemment; elle sert le plus souvent à séparer entre elles les parties semblables d'une même phrase. Elle se place, savoir:

Entre les sujets se rapportant au même verbe: *La richesse, le plaisir, les honneurs, la santé, deviennent des maux pour qui ne sait pas en user.*

Entre les attributs se rapportant au même sujet: *La véritable charité est patiente, douce, bienfaisante, discrète.*

Entre plusieurs verbes qui ont le même sujet: *Plaignez l'homme qui joue, boit, mange, dort, sans penser au lendemain.*

Entre les compléments d'un même mot, quand ils sont de même nature, c'est-à-dire quand ils sont tous ou directs, ou indirects: *aimons Dieu, notre famille, notre prochain, notre pays. —Remplissons les devoirs qui nous lient à Dieu, à notre famille, à notre prochain, à notre pays.*

Mais remarquez qu'ordinairement la virgule ne se met pas devant les conjonctions *et, ou, ni,* à moins que ces conjonctions ne soient répétées plusieurs fois. Exemples:

Fais le bien et ne regarde pas à qui. — Tout railleur est vain ou méchant. — Ne dire jamais du bien de soi ni du mal des autres. — Ne riez ni long-temps, ni souvent, ni avec excès.

Cependant si la phrase est un peu longue, coupez-la par la virgule: *Tends la main aux malheureux, et Dieu ne t'abandonnera pas.*

La virgule s'emploie après un membre de phrase qui en fait

attendre un autre : *si tu achètes le superflu, tu vendras bientôt le nécessaire.*

Pour tenir lieu d'un verbe sous-entendu : *Celui qui rend un service doit l'oublier ; celui qui le reçoit, s'en souvenir.*

Enfin la virgule se place avant et après toute expression, outout membre de phrase qu'on pourrait retrancher sans dénaturer l'idée principale et sans nuire à la marche grammaticale de la phrase. Exemples :

Souvenez-vous, enfants, que le temps vaut de l'or. — La paresse, dit Francklin, rend tout difficile. — Nous devons prouver à nos parents que nous les aimons, en les aidant dans leurs travaux, en les soignant dans leurs maladies, en les consolant par nos attentions et nos caresses, quand ils sont affligés.

Du POINT-ET-VIRGULE. — Le *point-et-virgule* marque une pause plus forte que la virgule ; il se place entre des phrases semblables qui ont une certaine étendue, ou après une phrase dont le sens est complet mais suivie d'une autre phrase qui en dépend. Exemples :

Nos parents travaillent pour subvenir à nos besoins ; ils s'imposent des privations pour que nous n'en ayons pas nous-mêmes à supporter ; ils nous font donner de l'éducation et de l'instruction, et nous mettent à même de gagner notre vie. — La faim regarde à la porte de l'homme laborieux ; mais elle n'ose entrer.

Des DEUX POINTS. — Les *deux points* expriment un repos encore plus considérable que le point-et-virgule ; ils se placent, savoir :

Après une phrase finie, mais suivie d'une autre phrase qui sert à la développer ou à l'éclaircir. Exemple :

Le méchant n'aime personne et personne ne l'aime : chacun le craint, le hait et le fuit.

Entre deux parties d'une phrase dont l'une contient une énumération. Exemple :

Santé, fortune, sagesse : voilà ce qu'on gagne à se coucher de bonne heure, et à se lever matin.

Après une phrase qui annonce une citation. Exemple :

Jésus a dit : Donnez et on vous donnera.

Du POINT. — Le *point* marque la plus longue de toutes les pauses ; on met le point *simple* à la fin de toutes les phrases qui ont un sens complet et indépendant de ce qui suit. Ex. :

L'activité est la mère de la prospérité, et Dieu ne refuse rien au travail. — Labourez pendant que le paresseux dort : vous aurez du blé à vendre et à garder.

Au lieu du point simple, employez le point *interrogatif* à la fin d'une phrase où vous interrogez. Exemple :

En quoi consiste l'économie? à user sans abuser jamais.

Et le point *exclamatif*, après une interjection, ou à la fin d'une phrase qui marque la suprise, la prière, la pitié, la colère, la joie, en un mot, après l'expression de quelque émotion, de quelque sentiment. Exemples :

Heureux celui qui retrouve le soir le foyer domestique, et s'y assied au milieu des siens! L'exilé partout est seul! Que Dieu guide le pauvre exilé!

— On reconnaît encore comme signes de ponctuation : les *points suspensifs*, le *guillemet*, la *parenthèse*, et le *trait de séparation*.

Les *points suspensifs* indiquent une suspension ou une réticence. Exemple :

Je devrais peut-être..... mais pour cette fois je vous pardonne.

Le *guillemet* se met au commencement et à la fin d'une citation, et souvent même au commencement de chacune des lignes qui composent cette citation. Exemple :

La sagesse du monde est une folie devant Dieu, car il est écrit: « Je surprendrai les sages dans leur fausse sagesse. »

La *parenthèse* sert à renfermer certains mots qui, interposés dans une phrase, sont destinés à en développer le sens, et qui pourraient cependant en être retranchés. Exemple :

Pépin-le-Bref (ainsi nommé à cause de sa petite taille) fut un vaillant général et un roi habile.

Le *trait de séparation* s'emploie pour éviter la répétition de *dit-il, répondit-il*, dans les récits où l'on met en scène plusieurs personnages. Exemple :

Une grenouille vit un bœuf
Qui lui sembla de belle taille.
Elle qui n'était pas grosse en tout comme un œuf
Envieuse, s'étend, et s'enfle et se travaille,
Pour égaler l'animal en grosseur ;
Disant: Regardez bien, ma sœur,
Est-ce assez? dites-moi; n'y suis-je point encore?
—Nenni. —M'y voici donc. —Point du tout. —M'y voilà ?
—Vous n'en approchez point. | La chétive pécore
S'enfla si bien qu'elle creva.

FIN.